_____ 님의 소중한 미래를 위해
이 책을 드립니다.

차트 모르면
ETF투자
절대로 하지 마라

차트 모르면 ETF투자 절대로 하지 마라

지속적인
수익을 올리는
ETF 매매전략

정인지 지음

Exchange
Traded Fund

메이트북스

메이트북스 우리는 책이 독자를 위한 것임을 잊지 않는다.
우리는 독자의 꿈을 사랑하고,
그 꿈이 실현될 수 있는 도구를 세상에 내놓는다.

차트 모르면 ETF투자 절대로 하지 마라

초판 1쇄 발행 2021년 6월 1일 | **지은이** 정인지
펴낸곳 ㈜원앤원콘텐츠그룹 | **펴낸이** 강현규 · 정영훈
책임편집 오희라 | **편집** 안정연 · 유지윤 | **디자인** 최정아
마케팅 김형진 · 이강희 · 차승환 | **경영지원** 최향숙 · 이혜지 | **홍보** 이선미 · 정채훈
등록번호 제301-2006-001호 | **등록일자** 2013년 5월 24일
주소 04607 서울시 중구 다산로 139 랜더스빌딩 5층 | **전화** (02)2234-7117
팩스 (02)2234-1086 | **홈페이지** blog.naver.com/1n1media | **이메일** khg0109@hanmail.net
값 18,000원 | **ISBN** 979-11-6002-334-3 03320

대다수 군중들의 의견을 꿰뚫어보고,
현재의 진실이 무엇인지 찾아낼 수 있는 능력이 있다면
주식투자 분야에서
엄청난 성과를 거둘 수 있을 것이다.

• 필립 피셔(주식대가이자 워런 버핏의 스승) •

지수형 ETF 매매,
이렇게 하면 된다

2020년은 한국 주식시장의 역사에서 중요한 분기점으로 기록될 듯하다. KOSPI의 연중 저점 대비 연말 주가 상승률이 100%에 육박하는 강세장이 나타났다는 양적인 특징도 있지만 여러 가지중요한 질적 변화들이 나타났기 때문이다. 개인 투자자들이 주식시장에 대거 참여하면서 소위 '동학개미운동'을 일으켰고, 해외 주식시장에 대해서도 개인들의 직접투자 바람이 불면서 '서학개미'라는 신조어도 탄생했다.

주식시장의 강세와 더불어 ETF 시장도 성장했다. 그런데 역설적으로 KOSPI와 반대 방향으로 두 배 움직이는 인버스 ETF에 대한 개인들의 투자가 활발했다.

2021년 들어 KOSPI가 3000pt를 넘어서면서 2020년 3월에 12,815원까지

상승했던 KODEX200 선물 인버스2X(흔히 '곱버스'라고 부른다)는 2천원을 하회하는 수준까지 떨어졌다. 이 과정에서 개인 투자자들은 꾸준히 매수세를 형성하면서 손실을 확대했다. 삼성전자, 현대차 등 주요 대형주를 중심으로 매수해서 성공한 '동학개미운동'의 이면에는 곱버스로 인한 그늘이 드리워진 셈이다.

흔히 주식투자는 저평가된 종목을 매수해서 장기간 보유해 수익을 내는 것으로 알려져 있지만 레버리지 ETF나 곱버스 ETF에 대한 투자는 조금 다른 관점의 접근이 필요하다. 기초자산의 두 배로 움직여 수익과 손실이 모두 크게 발생하기 때문에 위험관리가 특히 중요하고, 기초자산이 KOSPI200 또는 KOSDAQ150 등의 지수이기 때문에 개별 종목에 비해 예측이 쉽지 않은 특성이 있다.

따라서 지수형 ETF는 투자라는 관점보다는 매매(Trading)라는 관점에서의 접근이 필요하고, 그러다보니 '기술적 분석'이 중요한 기준이 될 것이다. 물론 기술적 분석으로 미래 주가를 완전히 맞출 수는 없지만 주가 흐름의 분기점을 찾고, 매매 또는 위험관리의 기준을 설정하는 데는 큰 도움이 될 수 있을 것이다.

기술적 분석이 실전 매매에 도움이 되긴 하지만 그것만으로 수익을 낼 수 있는 것은 아니다. 보다 중요한 것은 원활하게 매매를 할 수 있는 심리적인 능력이다.

어떤 방법론을 사용하더라도 시장을 완전히 맞출 수는 없다. 매매를 하게 되면 불확실성을 제거하지 못한 가운데 시장을 대응해야 하는 상황을 피할 수 없는 것이다. 이 과정에서 탐욕과 흥분, 공포 등 다양한 감정들이 작용하면서 이성적 사고와 대응을 어렵게 만든다. 이런 심리적 갈등에 휘둘리게 되면 기준대로 매매할 수 없고, 아무리 좋은 매매 신호도 결국 무용지물이 될 것이다. 따라서 이러한 심리적 역량은 매매를 하는 데 있어 가장 중요한 능력이라 할 수 있다.

이 책은 지수형 ETF 매매에 대한 방법론을 제시하기 위해서 만들어졌다. 필자의 ETF 거래 경험을 바탕으로 실전 매매에서 활용할 수 있는 이론과 노하우를 중심으로 기술했다.

1부에서는 지수형 ETF 매매를 하는 데 있어서 필요한 접근 방법을 설명했다. 이 책에서 소개할 내용을 개괄적으로 정리한 것이다.

2부에서는 기술적 분석에 관한 내용들을 정리했다. 기본적인 캔들 패턴, 지지 저항과 추세선을 활용하는 방법, 이동평균선을 실전 매매에 적용하는 방법을 기술했다. 그리고 중요한 추세 관련 보조지표와 스윙 관련 보조지표를 소개했다.

3부에서는 실전 매매를 중심으로 다뤘다. 실전 매매를 하는 데 있어서 필자가 중요하게 생각하는 심리적인 원칙과 실제 매매의 기준이 되는 구체적인 원칙들을 기술했다. 그리고 필자의 한 달 치 매매일지를 공개했다. 앞에서 기술한 내용들을 어떻게 실전에 적용하는지 보여주고자 했고, 잘못된 부분도 공개함으로써 어떻게 잘못된 매매를 하게 되는지도 공부할 수 있도록 정리했다.

처음 기술적 분석에 입문하는 분들이 이 책을 읽으면 기술적 분석을 이용한 매매의 기본기를 잡는 데 도움이 될 것이다. 또한 매매를 계속해오고 있지만 발전이 더딘 분들도 이 책을 통해 혼란스러운 상황을 돌파할 수 있는 계기가 될 수 있을 것이다.

   마지막으로 당부하고 싶은 말이 하나 있다. 그것은 바로 소액으로 매매를 시작하라는 것이다.
   매매 능력은 일종의 기술이라고 할 수 있다. 머리로 습득하는 지식이 아니라 몸과 마음의 훈련을 통해 익힐 수 있는 기능이다. 따라서 단기간에 매매 능력을 마스터하기보다는 꾸준히 실력을 키워 나가는 것을 목표로 하는 것이 바람직하다. 어느 정도 수준에 이르면 시장의 방향과 관계없이 돈을 벌 수 있는 무기가 될 것이다. 다만 훈련을 하는 기간에는 손실이 발생할 수 있으니 안정적으로 수익을 내기 전까지는 소액으로 매매에 임하는 것을 권하고 싶다.

정인지

차례

2장 캔들에 대하여

3장 지지 저항과 추세에 대하여

4장 이동평균선의 활용법

5장 추세 관련 보조지표의 활용법

6장 스윙 관련 보조지표의 활용법

3부

**지수형 ETF
실전 매매,
이렇게 하면 된다**

1장 이기는 매매를 위한 심리적인 원칙

2장 이기는 매매를 위한 실전 매매의 원칙

3장   실전 매매 사례(2020년 9월 매매일지)

지수형 ETF 매매를 위해 알아야 할 것들

1부의 내용은 이 책의 개요 정도로 이해하면 될 것이다. 문제를 제기함과 동시에 필자가 하고 싶은 말들을 대부분 기술했다. 이후의 내용은 1부에서 언급한 내용들을 좀 더 구체적으로 설명한 것들이다. 시간이 없거나 대략적인 필자의 견해를 파악하고 싶은 분들은 우선 1부만 읽어도 될 것이다. 좀 더 꼼꼼하게 이 책의 내용을 숙지하고 싶은 분들은 1부를 바탕으로 이후의 내용에 접근한다면 보다 쉽게 내용을 숙지할 수 있을 것이다.

곱버스는
시장의 적인가?

2020년 12월 중반, KOSPI가 2700pt를 넘어섰을 때 필자의 사무실에 전화가 걸려왔다.

"개인 투자자인데요, 뭐 좀 여쭤봐도 될까요?"

"예, 말씀하십시오."

"곱버스(KODEX인버스2X, 주가와 반대로 움직이면서 주가의 두 배로 움직이는 ETF상품, 이하 곱버스라고 칭함)를 가지고 있습니다. 이미 손실이 많이 났는데 어떻게 하는 게 좋을까요?"

대답하기 참 곤란했다. 이미 KOSPI는 이격 과다 수준까지 상승했고, 미국 시장도 과열이라는 경고들이 많이 있었지만 지칠 줄 모르는 상승세가 이어지고 있었다. "시장이 많이 상승해서 조정 받을 것 같습니다. 좀 기다려보시죠." 이렇게 말씀드리고 통화를 마쳤다.

그 후 코스피는 추가로 상승해서 3200pt를 넘어서는 기염을 토했다. 아마도 그 분이 곱버스를 정리하지 않았다면 손실이 더 커졌을 것이다.

그때 내가, 시장은 더 상승할 것 같으니 지금이라도 빨리 정리하라고 강권했더라면 좋았겠지만 조언하는 입장에서도 쉽지 않은 일이었다. 그 이유는 첫 번째로 KOSPI의 60일 이평선 기준 이격도가 이미 110%를 넘어서 연중 고점대 수준이었기 때문이다. 2020년 6월, 8월을 제외하면 2009년 이후 처음으로 110%를 넘은 것이었다. 그리고 일부 증권사들이 제시한 2021년 목표치에도 이미 도달해 있었다. 따라서 추가로 상승해도 크게 상승하지는 못할 것이라는 생각을 하고 있었다.

두 번째로 투자자는 이미 몇십 퍼센트의 손실을 입고 있는 상황이었다. 설사 추가로 상승할 것으로 예상되더라도 손실을 확정 짓는 것은 매우 힘든 일이었을 것이다. 만약 더 상승할 것이라고 조언을 드리고 이 분이 손실을 확정한 후에 주가가 하락한다면 낭패가 아닐 수 없다. 또한 투자자 본인도 가능하면 추가 상승이 제한될 것이라는 말을 듣고 싶었을 것이라 생각되었다.

2020년에 KOSPI 지수는 연간으로 30.75% 상승했다. 2020년에 무슨 일이 있었는지 모르는 사람이 2020년 상승률만 봤다면 2020년은 투자하기 매우 좋은 해였다고 생각할 수 있을 것이다.

그러나 2020년 시장의 파도 속에서 헤엄쳤던 투자자들은 '2020년이 투자하기 좋은 해였다'는 말에 쉽게 동의하기 어려울 것이다. 전혀 예상하지 못했던 코로나19의 습격과 미국 경제와 유럽 경제의 셧다운, 대공황 이후로 최악의 기록을 경신한 경제지표를 보았던 3월, 4월 시점에서 그 후 이어질 상승을 기대하기란 어려웠다.

실제로 필자는 KOSPI가 1900pt 수준에 있을 때 향후 2050pt 수준까지 상승 여력이 있다는 언론 인터뷰를 했는데, 지나치게 낙관적이라는 비난의

댓글이 여러 개 달린 적이 있다. KOSPI가 3000pt를 넘긴 상황에서 돌아보면 '2020년 4월에 집을 팔아서라도 주식을 샀어야 했는데'라는 생각을 할 것이다. 그러나 미국과 유럽의 셧다운으로 경제지표가 본격적으로 악화되기 시작했던 4월 말의 상황에서 KOSPI는 언제든지 이전 저점대인 1493pt 또는 그 아래까지도 하락할 가능성이 높다는 견해가 적지 않았다.

2020년 4월 말에 곱버스는 6,575원이었고, 3월 고점은 12,815원이었다. 4월 말 기준으로 곱버스가 다시 3월 고점까지 상승하면 거의 100%의 수익이 가능한 상황이었다. KOSPI가 이중 바닥을 형성해서 3월 저점대까지 하락할 것을 예상했다면 곱버스는 굉장히 매력적인 상품이라고 생각되었을 것

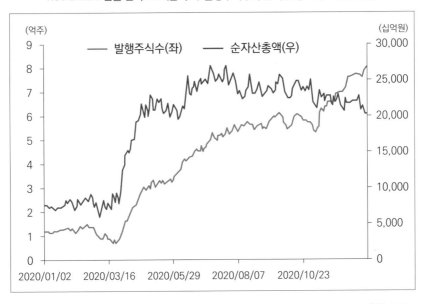

KODEX200 선물 인버스2X(곱버스) 발행주식수와 순자산 총액 추이(2020년)

출처 : Seibro

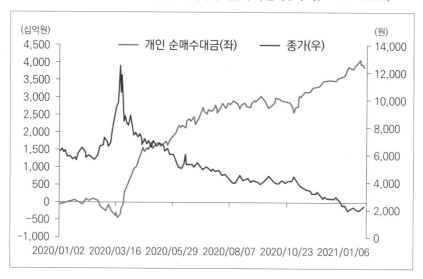

KODEX200 선물 인버스2X(곱버스) 가격과 개인 누적 순매수 추이(2020.1~2021.1)

출처 : KRX

이다. 그런데 KOSPI 조정 없이 상승세가 이어지면서 8월에는 4천원대로 떨어지고, 11월에는 3천원대로 하락하고, 2021년 1월에는 일시적으로 2천원을 하회하기도 했다. 8월에 곱버스를 산 투자자라도 2021년 1월에는 반토막이 난 셈이다.

그래도 곱버스의 발행주식 수는 2020년 초 1.2억주에서 연말에 8억주로 꾸준히 증가했다. 개인 투자자들은 2020년 3월 급락 후 꾸준히 매수세를 형성해, 2020년 초를 기점으로 4월 초 누적 순매수 금액은 6,475억원이었지만 연말에는 3조 5,862억원까지 늘어났다.

필자의 경험으로 미루어보건대 곱버스에 투자하는 분들 중 소위 '주린이'라고 불리는 주식 초보자는 별로 없다. 일반적으로 매도 플레이는 좀 더 스마트한 투자자들이 하는 경향이 있다. 보통 주린이들은 삼성전자나, 현대차, LG화학 등 시장에서 주목받는 종목들 중심으로 매수했을 것이다. 곱버스를 사서 고생했던 분들은 대부분 상당한 투자 경력이 있고, 나름의 정보력과 분석력을 가진 분들이 많다.

여기서 우리는 본질적인 문제제기를 하게 된다. '곱버스는 하면 안 되는 건가?' 필자는 곱버스와 일반적인 KOSPI 관련 ETF 모두 투자할 필요가 있다고 본다. 2020년이 결과적으로 강한 상승장이었기 때문에 곱버스 투자자들이 손해를 봤지만 시장은 언젠가 조정을 받을 것이다. 2018년에는 거의 일 년 내내 하락했고, 2019년에도 KOSPI는 연간으로 등락을 반복하는 횡보 국면이 진행되었다. 상황이 달라지면 언젠가는 곱버스가 금버스로 각광받는 시점이 올 수 있을 것이다.

다만 걱정되는 것은 곱버스가 금버스로 불리는 하락장이 찾아오면 많은 개인 투자자들이 반대로 지수형 레버리지 상품에 투자하면서 손실을 확대하는 모습이 나타날 수 있다는 점이다.

그렇다면 지수형 ETF, 특히 지수 대비 두 배로 움직이는 레버리지와 곱버스에 대해서 어떻게 접근해야 할 것인가? 이 책은 그에 대한 해답을 모색하기 위해 쓰였다. 주로 필자가 경험을 통해 느낀 것들을 정리했지만 많은 트레이딩 전문가들이 제시하는 것과 크게 다르지 않기 때문에 매매에 대한 일반론으로 봐도 무방할 것이다.

지수형 ETF는
뭘 보고 거래해야 하나?

　레버리지와 곱버스 등 지수 관련 ETF는 시장의 방향성과 같이 움직이거나 정반대로 움직이기 때문에 시장에 대한 전망에 기반해 포지션을 유지하게 된다. 종목 분석은 비교적 구체적인 변수에 따라 움직이지만 시장은 조금 다르다. 종목 분석은 기업의 재무제표나 해당 산업의 흐름, 동종 기업들의 주가나 실적, 기타 관련 산업의 뉴스를 챙겨보면 주가 흐름을 전망할 수 있다.

　그러나 시장은 봐야 할 변수가 너무나 많고, 그 변수가 시장에 미치는 영향도 그때 그때 해석이 달라 전망이 어려운 경우가 많다. 가까운 예로 2020년 이른바 '동학개미운동'이라 불리는 개인 투자자들의 매수세로 시장이 상승했다고 하지만 과거에는 기관과 외국인이 사지 않으면 시장은 오르지 않는다는 게 상식이었다. 시장 분석에서는 이렇게 기존의 상식도 바뀌기 때문에 아무리 정교한 분석을 하더라도 항상 틀릴 여지가 있는 것이다.

　최근의 사례를 몇 가지 들면 2019년 1월 초 삼성전자와 SK하이닉스 등 반

전기전자 업종지수 일봉(2019)

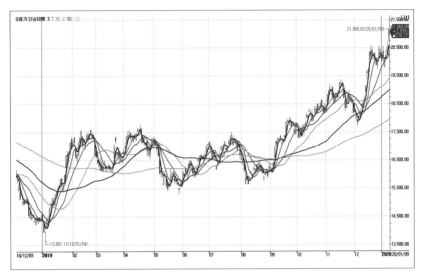

도체 관련주들이 실적 쇼크를 기록했던 시점에 이들 종목에 대해서 매수를 주장한 전문가는 거의 없었지만 2019년은 그야말로 IT의 해였다. 2019년 말, 모 경제TV의 2019년 주식시장 결산 방송에서 올해는 IT가 가장 선전한 한 해였다고 평가하면서, 사실 연초에는 대부분 사람들이 올해의 업종이 IT가 될 것이라고 생각하지 못했다고 언급한 바 있다.

위 차트에서 보듯 실제로 2019년 초에 전기전자 업종지수는 1400pt 수준에서 연말에 2000pt까지 상승해 연간 단위로 약 43%의 수익률을 기록한 반면, KOSPI는 연초 2000pt 수준에서 연말에 2200pt를 기록해 10% 상승하는 데 그쳤다.

2020년 연초에 이란의 쿠스드군 사령관 솔레이마니가 미군에게 피폭되어 사망했을 때 이란은 반격을 예고했고, 실제로 미군기지에 미사일이 떨어졌다. 이때 전문가들은 일제히 시장의 폭락을 경고했고, 심지어 3차 세계대전을 경고하는 목소리도 있었지만 주식시장은 며칠 정도의 조정에 그치고 상승세를 이어갔다. 사후적으로 미국과 이란의 갈등은 더 이상 악화되지 않았고, 그 이슈도 추가로 부각되지 않았다.

2020년 상반기에 코로나19로 미국과 유럽이 경제 셧다운에 들어가면서 시장이 급락할 때, 일반 전문가들은 경기 회복에 적지 않은 시간이 소요될 것으로 전망했다. 4월 초 IMF 총재는 코로나19로 대공황 이래 최악의 경제 여파가 미칠 것이라고 전망했고, 실제 미국의 4월 실업률은 14.7%로 대공황 이후 최대치를 기록했다. 5월에는 파월 미국 연준 의장이 경기 침체가 내년 말까지 이어지고 실업률은 25%에 달할 것이라고 전망했다. 그러나 9월 기준으로 미국 실업률은 7.9%까지 떨어졌고, ISM제조업지수는 6월부터 확장 국면을 나타내는 50선을 넘어서 연말까지 상승세를 이어갔다. 미국 정부가 집행한 2.9조달러 규모의 부양책으로 이런 결과가 나왔지만 3월, 4월 바닥권에서는 예상하기 어려운 상황이었다.

2019년 초에 IT 관련주들의 실적이 급락할 때, 이후에 IT가 좋아질 것이라고 예상할 수 있었거나, 이란이 미군기지에 미사일을 쏠 때 이건 별 문제가 되지 않을 것을 알고 있었거나, 코로나19로 미국 경제와 유럽 경제가 셧다운에 들어갈 때 2~3개월 후에는 경제지표가 급격히 개선될 것이라고 예측할 수 있었다면 좋았겠지만 세계적인 산업·정치·경제 전문가들도 이런 중요한 이슈가 발생했을 때 대부분 이후의 흐름을 맞추지 못했다.

지금까지의 설명을 통해 연간 KOSPI 수익률이 30.75%인 2020년의 투자가 얼마나 어려웠는지, 개인 투자자들이 왜 곱버스를 계속해서 매수하게 되었는지도 이해할 수 있을 것이다.

그러면 시장 전망은 어떻게 해야 하나? 매매를 위한 시장 전망을 할 때에는 일단 시장에 나온 가격을 중심으로 판단을 내려야 한다. 주가는 많은 사람들이 돈을 걸고 방향성을 예측하는 가운데 형성되기 때문에 주가는 일종의 집단지성이라고 할 수 있다. 요즘은 시장 정보의 발달로 중요한 뉴스나 실적, 경제지표 등이 발표와 동시에 실시간으로 시장에 전달되지만 주가의 움직임이 그래도 더 빠르고 정확하다.

주가가 등락할 때 왜 움직이는지에 대해서 주가만 보고 알 수는 없지만 어떤 중요한 이슈나 이벤트가 발생했을 때 주가 흐름을 보면 그 정보에 대한 해석에 큰 도움을 얻을 수 있다. 본인이 생각한 논리도 중요하지만 결국 정답은 시장이라고 생각하고 접근하는 자세가 필요하다. 마치 학창시절 문제를 풀고 답을 맞춰보듯이, 내가 생각한 정답과 시장을 맞춰보고 그 간극을 해결하면서 시장을 따라갈 수 있는 노력을 경주해야 할 것이다.

본인의 답과 시장의 답이 일치하지 않을 때 그 이유를 찾아야 한다. 이유를 찾기 어려울 경우에는 논리를 고집하기보다는 시장을 있는 그대로 인정하고 따라갈 수 있어야 한다.

시장을 읽는 방법 :
기술적 분석의 필요성

    그러면 시장을 있는 그대로 따라간다는 것은 어떤 의미일까? 단순히 시장의 방향대로 매매하는 것이 시장을 따라가는 것일까? 시장은 등락을 반복하면서 추세를 형성하기 때문에 단기 상승 중에 시장을 따라서 매수했는데 하락할 수도 있고, 시장이 하락함에 따라 팔았는데 상승하는 경우도 있을 수 있다. 단순히 당시 시장의 방향대로 매매한다고 시장을 추종할 수 있는 것이 아니다. 시장의 방향을 판단하고 추종할 수 있는 방법론이 필요한 것이다.

    시장은 불규칙하게 움직이는 듯하지만 그 속에서 어떤 규칙성을 발견할 수 있다는 가정 하에, 이러한 시장의 규칙성을 분석하고 매매에 적용하는 분야를 '기술적 분석'이라고 한다. 이후에 기술적 분석의 중요한 개념이나 적용 방법에 대해서 구체적으로 설명하겠지만 기술적 분석에서 가장 중요하게 여기는 것은 지지 저항이다. 지지란 주가가 반등할 가능성이 높아지는 특정 가격대를 의미하고, 저항은 주가가 하락 반전할 가능성이 높은 가격대를 의

곱버스 일봉(2020.5~2021.1)

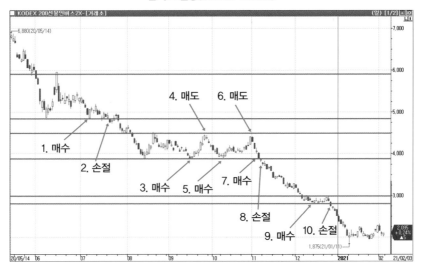

미한다. 보통은 박스권 하단선은 지지로 작용하고, 박스권 상단선은 저항으로 작용한다. 지지대를 이탈하면 이탈된 지지대가 저항이 되고, 저항을 돌파하면 돌파한 저항대는 지지대가 되는 경향이 있다.

간단하게 예를 들어보자. 위 차트는 곱버스 일봉이다.

만약 2020년 7월부터 곱버스만 가지고 매매를 했다고 하더라도 이전 저점대인 박스권 하단선에서 사고, 이전 고점대인 박스권 상단선에서 팔고, 박스권 하단선 이탈 시에 손절(손해를 보고 매도하는 것)하는 매매만 했어도 수익을 내거나 제한적인 수준의 손실만을 입었을 것이다.

만약 박스권의 지지 저항만을 이용해서 매매했다면 1번인 7월 7일에는 6월 저점대의 지지대에 도달해 매수할 수 있었을 것이고, 2번인 7월 21일에는 전저점을 이탈해 매수 포지션을 손절했을 것이다. 3번인 9월 16일에는

8월 저점에 도달해 매수했을 것이고, 4번인 9월 24일 이후에는 이전 고점대를 넘지 못하고 조정 받아 매도했을 것이다. 5번인 10월 13일에는 다시 박스권 하단선 지지로 매수가 가능했고, 6번인 10월 30일에는 전고점을 돌파하지 못하고 조정 받아 이후에 매도했을 것이다. 7번인 11월 5일에는 다시 박스권 하단선에 도달해 매수할 수 있었지만 이후에 이탈하면서 8번인 11월 9일에는 손절하게 되었을 것이다. 9번인 12월 중반에도 박스권을 형성하면서 횡보해 매수할 수 있었지만 10번인 12월 24일에 전저점을 이탈하면서 매도했을 것이다.

이와 같이 기술적 분석에서 가장 기본적이라고 할 수 있는 박스권의 지지 저항만 활용해도 곱버스가 6천원에서 2천원에 도달할 때까지 손실을 거의 보지 않거나 오히려 수익을 발생시킬 수도 있었을 것이다. (이 책에서는 이후에 박스권 지지 저항뿐 아니라 추세선과 이평선 등을 활용해 추세를 추종하는 방법을 설명할 것이다.)

실제로 돈을 버는 능력은 따로 있다

앞서 간단한 기술적 지표의 활용으로도 ETF의 리스크를 관리하고 돈을 벌 수 있다고 했지만 사실 이 사례에는 굉장한 과장이 들어 있다. 지난 차트를 보고 매매 시점을 반추하는 것은 매우 쉬운 일이지만 실제 주가가 진행되는 과정에서 사례로 제시한 것과 같은 대응을 하는 것은 상당한 내공을 가진 사람만이 할 수 있는 일이다.

필자는 실제로 2020년 12월 중반에 곱버스를 매수한 후 12월 24일에 곱버스 포지션을 모두 정리하고 레버리지로 전환했다. KOSPI가 10월 말에 2300pt 부근에서 12월 중순 2780pt까지 상승한 가운데 60일 이평선 기준 이격도가 110%를 넘어선 상황이었다. 12월 24일에 전고점을 넘어섰지만 상승세가 이어지기보다는 일시적으로 돌파 후 다시 하락할 가능성이 높다고 생각되었다. 이런 생각이라면 곱버스에서 일부 손해가 발생되었더라도 포지션을 유지하면서 다시 하락할 가능성에 대비하는 것이 옳을 것이다.

그런데 곰버스를 모두 버리고 레버리지(상승방향)로 포지션을 전환했다. 레버리지 매수를 통해서 돈을 벌기보다는 손절을 할 가능성이 높게 느껴졌지만 신고가 경신 시점에는 매수하는 것이 원칙이고, 틀려도 원칙을 지키는 것이 유리하다는 것을 경험적으로 알고 있었기 때문이다.

간단한 사례를 통해 투자심리에 대한 이야기를 꺼냈는데, 실제로 돈을 버는 능력은 투자심리에 달려 있다. 탁월한 기술적 분석을 통해 지지 저항과 추세의 방향을 정확하게 찾아낸다 하더라도 그대로 매매할 수 없다면 실전 매매에서 아무 소용이 없을 것이다. 그렇다면 구체적으로 어떤 심리적인 능력이 필요한지 알아보자.

📈 손해를 보더라도 원칙을 지키는 강직함

필자가 12월 24일에 신고가를 경신했을 때 인버스에서 레버리지로 전환한 것은 상승을 예상해서 그런 것이 아니었다. 그것은 '전고점을 돌파하면 추가로 상승할 가능성이 높기 때문에 매수로 전환해야 한다'는 필자의 원칙 때문이었다. 앞서 밝혔듯이 이 매매를 하면서 수익을 거둘 것이라 생각하지 않았다. '손절을 하겠지만 원칙이 그러니 할 수 없지'라는 마음이었다. 겨우 2800pt를 넘어선 KOSPI가 며칠 만에 3200pt를 넘는 것은 상상하지 못했던 일이었다. 결국은 원칙을 따르는 행동이 필자에게 수익을 가져다줬다.

상승 추세가 길게 이어진 경우 추세 초기에 매수에 진입해서 추세가 마감될 때까지 매수 포지션을 유지할 수 있을까? 시장을 계속 보고 있다면 그건 쉬운 일이 아니다. 왜냐하면 상승 추세가 어느 정도 진행된 후에 약간의 조정이 나오면 지금까지 거둔 수익이라도 지키기 위해 매도하게 되는데, 이렇게 매도한 후에 다시 상승세가 이어지는 경우가 자주 나타나기 때문이다.

중장기 상승 추세를 온전히 수익으로 확보하기 위해서는 추세선이나 중기 이평선 등의 기준을 설정하고 이탈 전에는 매수 포지션을 유지해야 한다. 다만 중기 이평선까지 이탈한 후에 매도하면 최고점 대비로 수익을 적지 않게 줄여야 하기에 가능한 빨리 매도해 이익을 확정하려는 욕구를 갖게 된다.

이때 필요한 마음이 '수익을 줄이더라도 원칙을 지킨다'는 자세이다. 주식투자를 한다는 것은 돈을 벌기 위해서이지만 역설적이게도 실전에 들어가면 돈을 좇기보다는 원칙과 명분을 지켜야 한다. 일반적으로 사업에 성공한 분들이 '오직 돈을 벌기 위해서 일했습니다'라고 말하지는 않는다. '우수한 제품을 만들기 위해 노력했다'거나 '손해를 보더라도 신뢰를 잃지 않기 위해 최선을 다했다'는 말을 자주 한다.

주식시장도 마찬가지이다. 때로는 손해를 보더라도 원칙을 지키는 자세로 임할 때 궁극적으로 이익을 극대화할 수 있을 것이다.

📈 상황이 바뀌면 생각을 바꾸는 유연함

주식투자를 하다 보면 자신의 포지션이 자신의 아바타로 느껴지곤 한다. 포지션에서 수익이 발생하면 본인이 승승장구하고 있다는 생각이 들고, 손실이 발생하면 크게 위축된다. 물론 돈을 벌면 기분이 좋고 잃으면 실망하는 것이 인지상정이지만 돈 때문에만 이런 기분이 드는 것은 아닌 듯하다.

주가를 전망하고 그 전망대로 움직여서 수익이 발생하면 스스로가 스마트하다는 자부심을 갖게 된다. 누가 계좌를 본 것도 아닌데 칭찬을 받고 있는 기분이 들고, 자존감이 높아지게 된다. 반대로 돈을 잃으면 돈을 잃었다는 상실감도 크지만 본인의 생각이 틀렸다는 자괴감으로 인한 괴로움을 겪게 된다.

'주가는 귀신도 맞추지 못한다'는 격언이 있다. 유명한 전략가라 할지라도 시장 전망이 틀리는 것은 자주 목격되는 현상이다. 그러나 대부분의 투자자들은 자신을 과대평가하는 경향이 있다. 자신의 전망이 맞지 않을 때에는 쉽게 받아들이지 않는 것이 일반적인 모습이다.

오히려 자신의 전망이 옳았다는 것을 입증하기 위해 그것을 뒷받침할 수 있는 근거들을 더 찾고, '시장이 비이성적'이라는 표현을 쓰기도 한다. 이때 결국은 원래 '자신의 전망대로 시장이 움직일 것'이라는 기대를 갖고 손실이 나고 있는 포지션을 유지하게 된다.

본인의 생각과 시장이 다르게 움직이면 생각이 틀릴 수 있다는 가정을 하고 포지션에 대한 위험관리를 한 후에 다시 방향성을 모색해야 손실이 확대되는 피해를 면할 수 있다. 시장을 맞추는 확률이 높지만 잘못되었을 때 생각을 바꾸지 못하는 사람과, 시장을 맞추는 확률이 상대적으로 낮아도 시장이 변할 때 생각을 빠르게 바꿀 수 있는 사람 중 후자의 수익률이 더 좋을 가능성이 높다.

계속해서 시장을 맞춰서 수익을 내더라도 한번 시장을 맞추지 못했을 때 손실이 크면 그동안 발생한 수익의 상당 부분을 다시 시장에 돌려주게 된다. 반면 시장 전망이 자주 틀려도 당시에 입는 손실이 제한적이고, 맞췄을 때 큰 수익을 낼 수 있다면 장기적으로 계좌 잔고가 늘어날 수 있을 것이다.

따라서 예상과 다르게 주가가 움직일 때 빠르게 생각을 바꿀 수 있는 능력은 수익을 꾸준히 증가시키는 데 있어서 꼭 필요한 덕목이라 할 수 있다.

📈 원하는 시점을 기다리는 진중함

모든 일이 그렇듯이 매매도 첫 단추를 잘 꿰어야 한다. 지지대 근처에서 매수한 경우 예상과 달리 하락했을 때 손실이 제한된 가운데 포지션을 정리할 수 있다. 만약 지지대가 아닌 자리에서 매수한 경우 예상과 달리 하락한다면 다음 대응이 어렵게 된다. 지지대를 이탈하기 전까지는 언제든 상승할 가능성이 있기 때문에 손실이 확대되어도 포지션을 정리할 수가 없다. 지지대 이탈을 확인하고 손절하면 이미 손실 규모가 커져 있기 때문에 결단이 어렵게 된다.

한번 손절을 할 때 10% 이상 손절 폭이 커지면 손익 관리에 큰 부담이 될 것이다. 경우에 따라서 연속적으로 손절을 할 때도 있는데, 10%씩 3~4회 연속으로 손절하면 이미 원금 대비 30% 이상의 손실이 발생하기 때문에 회복이 쉽지 않다. 20~30% 이상 손실을 본 상태에서 '이 포지션을 어떻게 할까요'라는 질문을 받으면 대답하기 참 곤란하다. 이미 손실이 난 상황에서 지지대를 이탈했으니 매도하고 위험관리에 들어간다고 해도 다시 원금을 회복하는 것이 매우 어렵기 때문이다. 상황이 이렇게 되면 어떤 대응 전략도 사실상 무의미하게 된다.

가장 중요한 것은 손실을 키우지 않는 것이다. 그렇게 하기 위해서는 실패 시 빠른 위험관리가 가능한 가격대에서 매수해서 손실을 조기에 제한하는 능력이 필요하다.

지금 KOSPI가 상승할 가능성이 높아 보이는데, 지지대보다 상당히 위에 주가가 존재하는 경우 어떻게 할 것인가? 수익을 내기 위해서 적극적으로 매수할 수도 있지만 필자의 경험으로는 이럴 때 좋은 결과를 낼 확률은 그렇게 높지 않았다.

무술을 배울 때에도 공격보다는 방어를 먼저 배운다. 무인들이 대련할 때 한 대도 안 맞고 상대방을 타격하기는 어려울 것이다. 방어를 통해 자신을 보호하고 기회를 엿봐서 공격을 성공시킴으로써 대련에서 승리하게 된다. 매매도 마찬가지다. 수익을 내는 능력보다는 위험을 관리하는 능력을 먼저 배워야 한다.

수익이 발생하는 것은 내가 잘해서 되는 일이 아니다. 내가 주식을 산 후에 남들이 내가 산 가격보다 비싸게 주식을 사줘야 수익이 나는 것이다. 남들이 나보다 비싸게 주식을 살 것이라고 예상하는 것도 능력이겠지만 100% 자기 능력만으로 이런 예상을 할 수는 없을 것이다. 그렇지만 손실이 났을 때 빠르게 정리하는 것은 100% 내 손으로 해야 할 일이다. 이 일을 잘하기 위해서는 첫 단추를 잘 꿰어야 한다.

📈 자신의 내면을 이해하는 통찰력

인간은 누구나 양면성을 가지고 있다. 평소에는 본인이 가진 일반적인 성격을 보이면서 살아가지만 극단적인 공포나 고통, 기쁨의 상황에 처하면 자신도 모르는 성격이 발현되는 경우가 있다.

매매를 하면서 지속적으로 수익이 발생하면 내 안에 있던 자만심이 고개를 들기 시작한다. 매매를 통해 꾸준히 수익이 나면 화수분을 가지고 있는 것과 같은 느낌이 든다. 내 손에 화수분이 있다면 세상 남부러울 것이 없을 것이다. 이때 내 안에서 나타나는 모습이 바로 나의 적이다.

이런 자아가 나타나면 매매는 정석에서 멀어지게 된다. 본인이 시장을 맞출 수 있다는 확신이 있기 때문에 사고의 유연성이 떨어진다. 항상 수익을 낼 수 있다고 생각하기 때문에 위험관리도 하지 않는다. 손실을 인정하지 않기 때문에 물타기를 통해서 위험을 키운다. 이런 과정을 통해서 그동안 벌었던 수익을 대부분 잃고 나면 다시 본래의 모습으로 돌아오게 된다.

어느 정도 기술적 분석에 대한 지식과 위험관리 기술을 가지고 있다면 수익을 내는 것은 그리 어렵지 않을 것이다. 다만 수익이 발생했을 때 내면에서 나타나는 적을 어떻게 다루느냐에 따라 진정한 고수와 일반적인 트레이더로 나뉠 수 있다.

이런 적이 나타났을 때 내 안에 적이 있다는 것을 파악하는 것도 쉽지 않다. 수익 발생 후 이전과 다른 매매를 할 때에도 자기 자신은 이전에 수익을 낼 때와 같은 매매를 하고 있다고 생각하는 경우가 많다. 그렇게 되면 적의 실체조차 파악하지 못하는데 어떻게 적을 이길 수 있을 것인가?

따라서 유능한 트레이더가 되기 위해서는 항상 자기 자신을 살펴야 한다. 내가 평소의 모습인지, 자만심에 쌓여 있는지, 공포와 분노에 찌들어 있는지 알 수 있어야 올바른 대응법을 찾을 수 있다.

↗ 같은 자리에서 수차례 손절할 수 있는 인내력

앞서 '시시에서 사서 무너지면 손절하는 것'을 하나의 위험관리 기법으로 설명했다. 그러나 지지대는 명확하게 하나의 지점 또는 가격으로 정의되지 않는 경우가 많다. 그래서 지지가 무너졌다고 생각하고 매도했는데 다시 상승하는 경우도 자주 나타난다.

이럴 때 지지 저항이 잘 안 맞는다고 말할 수도 있지만 주가 흐름의 분기점은 그렇게 쉽게 찾아지지 않는다. 개념적으로 설정한 박스권이나 추세선, 이평선 등의 위치에서 지지 저항이 나오긴 하지만 정확한 위치를 잡는 것은 그것만으로는 한계가 있다. 실제 장중의 움직임을 통해서 지지 저항대가 드러나고, 그것을 추종하는 과정에서 수차례 손절이 있을 수 있다.

같은 자리에서 손절을 반복하는 것이 답답하게 느껴질 것이다. 그러나 이런 과정에서 포지션 진입에 성공하면 매우 유리한 자리에서 진입하는 결과로 이어질 수 있다. 당장은 괴롭겠지만 중요한 자리라고 판단되면 몇 번의 손절을 감수하고라도 같은 자리에서 매매할 수 있는 인내력은 매매를 하는 데 있어서 중요한 자산이 될 것이다.

오프라인 매매 등 수수료가 크게 발생하는 주문을 낼 때에는 이런 식의 매매가 적절하지 않을 수 있지만 온라인 거래는 수수료가 높지 않고, ETF는 매도 시에 거래세도 내지 않기 때문에 손절 폭을 최소화한다면 몇 번의 손절을 하더라도 계좌에 큰 피해를 주지는 않을 것이다.

📈 위험을 감수하는 과감함

시장에서는 모두가 하락한다고 할 때 매수하고, 모두가 상승한다고 할 때 매도하는 것을 역발상의 투자라고 한다. 역발상의 투자는 경험적으로 성공 확률이 높고, 성공하면 최저점에서 매수하거나 최고점에서 매도하기 때문에 매우 유용한 투자 기법이라 할 수 있다.

그렇지만 실제 상승 추세 또는 하락 추세가 진행 중일 때 역발상의 투자를 실행하기는 쉽지 않다. 인간의 인지적 특성상 대부분의 사람들과 다른 방향으로 의사결정을 하는 것이 어렵고, 모두가 상승한다고 하거나 하락한다고 할 때에는 그럴 만한 충분한 이유가 있기 때문이다. 성공하면 역발상의 투자지만, 실패하면 무책임한 투자인 것이다.

따라서 역발상의 투자에 임하기 위해서는 어느 정도의 과감함이 필요하다. 그러나 이 과감함은 무모함과는 다른 것이다. 리스크 관리에 대한 준비 없이 손해를 감수하고 저가 매수에 임하는 것이 무모함이라고 한다면, 일정한 리스크 관리의 기준을 가지고 급락 시에 매수하는 것은 과감함이라 할 수 있다.

기본적으로 담대한 마음가짐이 필요하지만 위험관리 능력을 동시에 가지고 있을 때 그 담대함이 가치가 있는 것이다. 나아가 위험관리에 어느 정도 자신이 있다면 급락 시 저가매수를 할 때에 그다지 큰 용기가 필요하지도 않을 것이다.

결국 역발상 투자의 성공 여부는 포지션 관리 능력에 달려 있다. 포지션을 관리할 능력만 있으면 객관적으로 위험해 보이는 매매도 안전하게 할 수 있고, 진입에 성공할 때 수익을 극대화할 수 있을 것이다.

계좌 분석의
필요성

↗ 계좌 분석으로 손익 패턴 파악

매매는 결국 돈을 벌기 위해 하는 것이다. 앞서 제시한 모든 능력들이 발휘된 결과가 계좌에 나타난다고 볼 수 있다. 따라서 계좌의 흐름을 살펴보면 트레이더의 매매 능력에 대한 많은 정보를 알 수 있다.

가장 중요한 것은 계좌 잔고의 추세적인 움직임이다. 계좌 잔고가 단기 등락을 거치더라도 추세적으로 증가하고 있는지, 아니면 박스권을 형성하면서 횡보하고 있는지, 하락 추세를 형성하고 있는지 살펴보자.

상승 추세를 형성한다면 상승 기울기가 어떤지, 신고가를 경신하는 기간이 얼마나 걸리는지, 단기 고점대 대비 저점의 폭이 얼마나 되는지도 중요한 변수다. 신고가를 경신하고 단기 조정을 받을 때 이전 고점을 넘어서기까지 기간이 짧을수록 우수한 매매를 했다고 할 수 있다. 단기 고점 대비 저점의 폭도 작을수록 안정적인 매매를 했다고 볼 수 있다. 상승 추세선의 기울기는 가파를수록 좋겠지만, 기울기가 완만하더라도 꾸준히 상승하고 있다면 나쁘지 않은 것이라 생각된다.

계좌 잔고가 박스권을 형성하고 있다면 이것도 나쁘지 않다. 이런 사람들은 돈을 벌고 있다고 볼 수는 없지만 꾸준히 박스권을 유지하는 것도 쉬운 일은 아니다. 고수는 아니라도 어느 정도 실력이 있는 사람으로 볼 수 있다.

이런 경우에는 수익을 내는 기간과 손실을 보는 기간이 비슷하다는 뜻인데, 손실이 나는 국면에 대해서 자세히 살펴볼 필요가 있다. 이 정도 실력이 있는 사람은 마구잡이로 매매하는 사람은 아니다. 어떤 원칙을 지키고자 하지만 뜻대로 되지 않아 비슷한 실수를 반복하는 경우에 손실을 보는 것이다. 먼저 그 실수가 어떤 것인지 찾아내고 실수를 고치려는 노력을 해야 할 것이다. 실수가 줄어들게 되면 계좌 잔고는 점차 우상향하는 구조가 될 수 있을 것이다.

계좌 잔고가 박스권을 형성하는 사람들에게 가장 중요한 것은 박스권의 크기이다. 계좌 잔고의 고점 대비 저점의 폭이 지나치게 크면 문제가 있는 것이다. 이런 경우는 수익을 낼 때에는 많이 벌지만 손실을 볼 때 리스크 관리가 잘 안된다는 뜻이다. 이런 분들은 수익을 내는 것보다 손실을 제한시킬 수 있는 방법을 좀 더 고민해야 한다.

차트 패턴에서 '상승 삼각형'이라는 것이 있다. 상단은 일정하고 단기 저점이 조금씩 올라가는 패턴인데, 이런 모양이 나오면 주가가 삼각형 상단선을 돌파하고 상승할 가능성이 높다고 말한다. 계좌 잔고도 고점이 일정하더라도 조정 시에 저점이 꾸준히 높아지는 모습을 보인다면 조만간 박스권 상단선을 돌파할 가능성이 높은 것이다.

계좌가 우하향하고 있는 경우 일단 매매 규모를 줄여야 한다. 이런 분들은 매매를 하면 할수록 손실이 커지는 분들이기 때문에 하지 않는 것이 가장 좋다. 다만 매매를 지속하면서 실력을 늘려야 하기 때문에 매매를 중단하기보다는 매매 구조가 자리를 잡기 전까지 최소한의 금액으로 매매에 임해야 할 것이다.

📈 계좌 잔고의 추세적 변화 방법

계좌 분석을 통해 본인의 매매 패턴을 확인했다면, 그것을 어떻게 바꿀 것인가를 고민해야 한다. 수익이 났을 때와 손실이 발생했을 때 이유가 무엇이었는지를 찾아야 한다.

때로는 운에 따라 손익이 결정되기도 하지만, 반복되는 어떤 패턴으로 인해 손실이 발생했다면 그것은 반드시 고쳐야 한다. 그런 잘못들이 하나씩 개선되면 계좌 잔고의 패턴도 추세적인 변화를 보일 것이다.

여기서 필요한 기초 자료가 '매매일지'이다. 일반적으로 매매일지를 쓰지 않으면 어떤 잘못을 하고도 잊어버리는 경우가 많다. 심지어 반복적으로 잘못을 하면서도 인지하지 못하기도 한다. 따라서 매매일지를 작성해봐야 계좌가 손실을 확대할 때 어떻게 매매했는지 구체적으로 알 수 있다. 본인이 매매한 기록도 지나고 보면 객관적으로 평가할 수 있을 것이다. 그런 과정을 통해 자신의 매매를 이해하고 잘못을 고쳐 나가면 계좌 잔고의 방향을 우상향으로 바꿀 수 있을 것이다.

이 책의
활용법

이 책은 KOSPI200과 KOADAQ150 지수를 기초자산으로 하는 ETF의 트레이딩을 하는 방법론을 제시하기 위해 작성되었다. 일반적인 ETF는 섹터나 테마, 상품 등 다양한 기초자산으로 구성되는 일종의 인덱스의 성격을 갖는다. 따라서 투자자들이 유망하다고 생각되는 상품을 기초자산으로 하는 ETF를 매수해서 장기간 보유해 수익을 획득하는 것이 일반적인 투자 방법이다. 이런 투자를 하기 위해서는 유망한 ETF를 선정할 수 있어야 하고, 언제 사서 얼마나 보유할 것인가에 대한 의사결정이 필요하다.

그러나 이 책은 그런 관점의 투자를 위해서 작성된 것은 아니다. 한국 주식시장에서 가장 유동성이 풍부한 지수 관련 ETF를 대상으로 매매를 하기 위한 가이드가 이 책의 주된 목적이라 할 수 있다. KOSPI와 같은 방향으로 두 배로 움직이는 KOSPI 레버리지와 반대 방향으로 두 배로 움직이는 곱버스는 움직임의 속도가 매우 빠르고, 장기적인 예측이 틀렸을 때 입는 피해가 크므로 손실이 발생할 때에는 장기간 보유하는 것이 바람직하지 않다.

따라서 일반적인 투자보다는 단기적인 매매로 접근하는 것이 좀 더 안정된 수익을 위해서 유리할 수 있다. 장기적인 투자는 지속적으로 장을 볼 필요는 없지만 매매를 하기 위해서는 장중에 시장을 볼 수 있어야 하고, 시장에 대응할 수 있는 기술도 어느 정도 갖춰야 수익을 낼 수 있다. 초보자들 입장에서는 낮지 않은 진입 장벽이 있는 셈이다.

그러나 이런 기술을 갖게 되면 시장의 방향과 관계없이 꾸준히 수익을 낼 수 있다. 주식을 하는 분들은 KOSPI가 3000pt를 넘은 상황에서 어떻게 해야 하는가에 대한 고민이 클 수 있지만, 지수형 ETF 매매는 그런 고민이 필요하지 않다. 상승하면 레버리지로 대응하고, 하락하면 인버스로 대응하면 그만인 것이다.

또한 2020년 KOSPI200과 KOSDAQ150지수를 기초자산으로 하는 ETF 거래가 크게 증가하면서 10억원 정도의 운용 자금도 큰 부담 없이 단기 매매를 할 수 있는 유동성이 갖춰진 상황이다. 만약 그보다 큰 금액을 운용한다면 KOSPI200 선물을 활용하면 될 것이다.

이 책의 이후 구성은 크게 두 부분으로 나뉜다. 2부에서는 기술적 분석에 대한 이론을 설명한다. 특히 이동평균선 부분에는 일반적인 기술적 분석 서적에서 보지 못했던 이야기들이 있을 것이다. 필자가 활용하는 이평선에 대한 여러 가지대응 방법을 모두 기술하지는 못했지만 기본적인 개념을 이해하는 데는 부족하지 않을 것이다. 직접 시장을 경험하면서 이런 이론을 어떻게 적용할 것인가에 대한 노하우를 축적하면 좀 더 효과적인 대응이 가능할 것이다.

3부에는 실전 매매에 대한 내용을 담았다. 앞에서 일부 기술했지만 실전 매매를 하는 데 있어서 필요한 심리적인 자세에 대해서 설명했고, 실전 매매에서 활용하는 기준도 소개했다.

마지막으로 필자의 2020년 9월 한 달간의 매매일지도 공개했다. 이론으로 설명한 내용들이 어떻게 매매로 연결되는지 확인할 수 있게 하기 위해서 추가했다. 이 내용은 실제로 매매한 기록이라 원칙과 다르게 한 부분도 있고, 잘못해서 손해를 본 기록도 있다. 필자도 실전 매매에 임할 때 원칙을 어기는 등 실수를 많이 하고 있다. 아마 상당한 투자 고수라고 하는 분들도 이런 실수를 할 것이라 생각된다. 인간으로서 매매 실수를 안 할 수는 없다. 다만 노력을 통해 실수를 줄인다면 좀 더 안정적인 수익을 낼 수 있을 것이다. 실수를 하지 않겠다는 생각보다는 잘못된 매매의 수를 줄이겠다는 목표가 좀 더 현실적이다.

지수형
ETF 매매를 위한
기술적 분석

2부에서는 기술적 분석에 대한 구체적인 내용을 다룬다. 일반적으로 기술적 분석에서 다루는 주제들 중 매매에 필요하다고 판단되는 것들만 간결하게 추렸다. 특히 이동평균선에 대한 부분은 시중에서 분석하는 방법론과 다른 부분이 있기 때문에 각별히 주의해서 읽을 필요가 있다. 2부의 내용을 중심으로 스스로 사례를 찾고 매매 원칙을 구체화시켜 나가는 노력을 꾸준히 경주해 나간다면 크게 성장한 자신의 모습을 볼 수 있을 것이다.

1장에서는 일반적인 기술적 분석에 대한 정의와 필자가 생각하는 정의를 서술했다. 다소 형이상학적일 수 있지만 기술적 분석을 하다 보면 '기술적 분석의 영역이 어디까지인가'에 대한 질문을 계속하게 될 것이다. 일단 가볍게 읽고, 스스로의 답을 찾는 일은 시간을 두고 천천히 해나가기 바란다.

- 1장 -

기술적 분석이란 무엇인가?

기술적 분석의
개념과 전제

주가 분석은 크게 기본적 분석과 기술적 분석의 두 가지 영역이 있다.

기본적 분석은 주식의 내재가치에 대한 분석이다. 재무제표와 경제지표 등 기업의 내재가치에 영향을 주는 변수들을 분석해 현재 시장에서 거래되는 기업의 가치가 적정한 내재가치 대비 저평가 또는 고평가되었는지 판단하고 저평가된 주식을 매수해 수익을 창출하고자 하는 분석 기법이다.

기본적 분석에서는 실적에 영향을 미치는 다양한 변수들을 추정해 미래의 이익을 예측하고, 그것을 기반으로 이익대비 주가(P/E) 또는 장부가 대비 주가(P/B) 등을 통해 주식의 고평가 여부를 판단한다. 이때 적정한 가치는 P/E 또는 P/B의 역사적인 상관관계 또는 동종 산업에 있는 다른 종목들의 수준과 비교해서 통계적으로 판단하게 된다.

한편 기술적 분석은 주가 흐름 자체에 주목하는 분석 기법이다. 주가에 대부분의 정보가 반영되었다는 가정 하에 거래량과 과거 주가 움직임의 패턴을 통해 미래 주가 흐름을 예측하는 방법이다.

기본적 분석과 기술적 분석의 가장 큰 차이는, 기술적 분석은 주가가 움직이는 이유에 대해서는 설명하지 못한다는 점이다. 기술적 분석은 당시 주가 흐름을 고려할 때 어떤 방향으로 움직일 가능성이 높은가에 주로 관심이 있다고 할 수 있다. 여기서 중요한 점은 기술적 분석이 주목하는 주가는 단순한 숫자가 아니라 투자자들의 행동이라는 것이다. 주가는 투자자들의 판단과 행동에 의해서 결정되고 변화하기 때문이다. 결국 주가를 통해서 시장에 참여하는 투자자들의 행동을 분석하고 그것을 통해 주가를 분석하는 것이 기술적 분석이라 할 수 있다.

기술적 분석을 하는 데 있어서 몇 가지 기본 전제가 있는데, 그것은 다음과 같다.

1. 시장 움직임은 모든 것을 반영한다.
2. 가격 움직임은 추세를 이룬다.
3. 주가 패턴은 자기 반복적인 경향이 있다.

첫 번째 전제는 사실상 논증하기 어렵다. 왜냐하면 모든 정보의 범위가 어디까지인지 규정하기 어렵고, 그것이 어떻게 반영되고 있는지도 알기 어렵기 때문이다. 이 전제는 다소 선언적이다. 다만 앞 장에서 설명했듯이 일반적으로 생각하기 어려운 정보들이 주식시장에 매우 빠르게 반영되는 것은 사실이다. 왜냐하면 주가란 해당 주식을 거래하는 많은 사람들이 돈을 걸고 판단하는 정보이기 때문에 일반적으로 알려지지 않은 정보들이 가장 빠르게 반영되는 경향이 있다. 중·소형주의 경우 개별 종목에는 수급으로 인한 일시적인 충격이 있을 수 있지만, 대형주나 주가 지수의 경우 시장이 어떤 방향으로 움직이면 그 이유를 알 수 없다고 하더라도 그럴 만한 이유가 있는 것이다. 경우에 따라서 기술적 분석과 기본적 분석의 전망이 다르게 나타날 때도 있지만 일정한 시간이 지나면 결과는 대부분 같아진다. 주가가 이유 없이 움직이지는 않기 때문이다. 다만 정보가 공개되는 시차로 인해 당시에는 주가 흐름이 설명되지 않기 때문에 두 분석 방법의 결과가 다르게 보이는 경우가 발생한다.

두 번째 전제는 가격 움직임이 추세를 따른다는 것인데, 필자는 이 말을 '추세가 형성되면 중요한 변화가 발생하기 전까지는 지속된다'라고 바꾸고 싶다. 주가가 항상 추세를 형성하는 것은 아니다. 박스권 내에서 움직일 때에는 특정 범위 내에서 불규칙하게 등락하는 모습을 보이기도 한다. 그러나 적어도 일봉상 어떤 방향성을 형성하면 중요한 변화가 발생하기 전까지는 그 흐름이 지속되는 경향이 있다. 이런 이유로 기술적 매매에서는 '추세에 역행하지 말라'는 격언이 있다. 필자의 경험으로도 추세에 반하는 매매를 하면 수익보다는 손실이 발생할 가능성이 높다는 것을 여러 번 느낄 수 있었다. 한편 추세가 형성되면 그것이 전환되는 데는 일정한 과정과 시간이 필요한데, 그 과정을 이해하면 추세 반전 초기에 추세의 변화를 읽고 포지션에 진입할 수도 있을 것이다.

세 번째 전제는 주가 패턴은 자기 반복적인 경향이 있다는 것이다. 이 부분이 특히 기술적 분석에 있어서 자주 논란이 되는데, '과거의 정보를 통해 미래를 예측할 수 있느냐'는 질문으로 반론이 제기되고 있다. 그런데 기술적 분석이 아니라도 과거의 정보를 이용해 미래를 예측하는 기법은 주식시장에서 흔히 사용되고 있다. 대표적으로 과거 ROE(자기자본 이익률)대비 PBR(장부가 대비 시가총액) 비율 등을 이용해 현재 적정 주가 수준을 추정하는 것이 있다. 통계적 기법으로 주식시장을 전망하는 데 있어서 과거의 정보를 이용하는 것은 기본적 분석에서도 많이 사용하는 방법이다.

　주가 패턴의 자기 반복성이 비판을 받는 가장 큰 이유는 패턴이 반복되지만 어느 정도 변이가 있기 때문이다. 주가가 일정한 패턴을 형성할 때 그 다음에 나오는 주가 흐름이 일반적인 패턴 분석에서 제시하는 것과 항상 같으면 좋겠지만, 주가 패턴은 그렇게 단순하게 반복되지는 않는다. 약간의 변이를 보이기도 하고, 특정 패턴 이후에 나타날 수 있는 흐름은 하나로 정해진 것이 아니라 몇 가지 가능성이 존재하기 때문에 도식적으로 접근하면 낭패를 볼 수 있다. 앞서 언급했듯이 기술적 분석은 단순히 차트를 분석하는 것이 아니라 차트로 표현되는 인간의 행동을 분석하는 것이기 때문에 인간이 보여줄 수 있는 다양성을 간과해서는 안 될 것이다.

기술적 분석의
유용성

기술적 분석이 필요한 가장 중요한 이유는 기술적 분석이 시장을 잘 따라 갈 수 있는 수단이기 때문이다. 기술적 분석을 통해서 주가를 예측하는 것은 가능하지만, 항상 몇 가지 가능성을 전제로 전망하기 때문에 반드시 어떤 방향으로 진행된다고 주장할 수는 없다. 필자의 경험에 따르면 기술적으로 어떤 방향성에 대한 강한 확신이 설 때에는 대부분 예상과 다른 방향으로 움직이고, 조심스럽지만 어떤 방향으로 진행될 가능성이 조금 우위에 있다는 생각을 하면 그 방향대로 진행되는 경향이 있다.

기술적 분석을 통해서 중요한 분기점이 될 수 있는 가격대와 추세 변화의 기준을 찾을 수 있고, 향후 주가가 진행될 수 있는 몇 가지 가능성을 통해 대응 방안을 마련할 수 있다. 주가가 진행될 수 있는 가능성을 염두에 두면서 주가 흐름을 추적하고 적절히 대응해 나가다 보면 마치 주가 흐름을 미리 다 알고 대응한 것 같은, 거의 완전한 대응이 가능하다.

예를 들어 주가가 하락해 박스권 하단선에 도달했다면 중요한 지지에 도달했기 때문에 매수 포지션에 진입할 수 있을 것이다. 이때 반등할지 그대로 하락할지는 사실 정확하게 알 수 없다. 다만 지지대라면 반등 가능성이 높기 때문에 매수하는 것이고, 이탈한다면 추가 하락 가능성이 높기 때문에 손절하는 것이다. 만약 매수 후 반등에 성공하면 최바닥에서 매수한 것이 되고, 지지대에서 매수 후 이탈하면 손절 폭이 매우 작아지기 때문에 사실상 매수하지 않은 것과 비슷한 결과를 가져온다. 중요한 분기점에서 적절한 대응을 해주면 지지 시에는 바닥에서 매수한 것이 되고, 이탈하면 약간의 손실을 입고 포지션을 보유하지 않게 되어 결과적으로 시장 흐름을 미리 알고 있었던 것과 큰 차이가 없는 운용을 하게 된다.

결국 기술적 분석을 통해 향후 주가를 완전히 맞출 수는 없지만 기술적 분석을 활용해 주가를 추적하고 추종하면 주가 흐름을 미리 알고 있었던 것과 비슷한 결과를 가져올 수 있다고 정리할 수 있다.

캔들에 대한 내용은 초보자들을 위해 기술했다. 일반적인 기술적 분석에서 설명한 내용과 크게 다르지 않을 것이다. 다만 캔들의 패턴과 이후의 흐름을 도식적으로 암기하기보다는 해당 캔들 패턴이 형성될 때 시장의 힘의 균형이 어떻게 형성되고 있는지 파악하고, 당시 상황에 맞게 해석하고 전망하는 접근법이 보다 유용할 것이다. 캔들은 시각적인 표현일 뿐이며, 힘의 흐름에 대한 통찰은 오로지 투자자의 몫이다.

- 2장 -

캔들에
대하여

다양한 차팅 기법과 캔들 차트

주가를 차트에 표현하는 기법은 여러 가지가 있지만 크게 선차트와 미국식 봉차트, 일본식 캔들 차트가 많이 쓰인다.

일간 단위의 주가를 기준으로 할 때 선 차트는 일간 종가를 선으로 연결한 차트이다. 미국식 봉차트는 봉을 이용해서 장중 시가, 고가, 저가, 종가를 표현하는 차트이다. 미국식 봉차트에서 시가는 봉에서 왼쪽으로 그은 선이고, 종가는 봉에서 오른쪽으로 선을 그어 표시한다. 장중 고가와 저가는 봉의 고점과 저점으로 나타낸다.

일본식 캔들 차트는 미국식 봉차트와 같이 장중 시가, 고가, 저가, 종가를 나타내지만 몸통을 사각형으로 표현하고, 몸통에 색을 칠해서 봉의 색을 기준으로 시가와 종가의 위치를 표시한다. 시가보다 종가가 높을 경우 붉은 색으로 표현하고 양봉이라고 부른다.

여기서 사각형의 하단선이 시가이고, 상단선이 종가이다. 장중 고가와 저

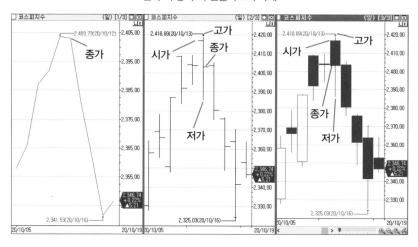
선차트, 봉차트, 캔들차트의 사례

가는 사각형에서 선을 그어서 표현하고, 사각형 위로 그은 선의 고점이 고가
이고, 사각형에서 아래로 그은 선의 저점이 장중 저가이다. 반대로 종가가 시
가보다 낮은 경우 사각형의 상단선이 시가이고, 하단선이 종가가 된다. 이때
색은 파란색으로 표시하고 이런 봉을 음봉이라고 부른다. 장중 고점과 저점
을 표시하는 방식은 양봉과 음봉이 같다. 한국에서는 양봉을 붉은 색으로, 음
봉을 파란 색으로 표시하지만 미국에서는 양봉을 녹색으로, 음봉을 붉은 색
으로 표시해 약간의 차이가 존재한다.

　캔들 차트는 시장의 흐름을 표현하는 데 시각적인 정보를 제공한다는 것
이 가장 큰 장점이다. 봉차트도 장중 시가, 고가, 저가, 종가의 위치를 보여주
지만 캔들 차트를 사용하면 양봉과 음봉의 색을 통해 직관적으로 매수세와
매도세 중 어느 쪽이 우위에 있는지를 쉽게 알 수 있다.

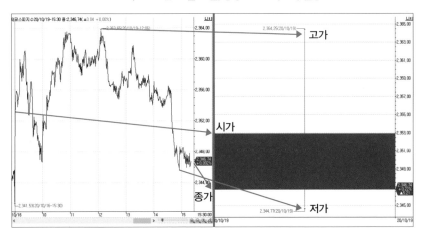

KOSPI, 2020년 10월 19일, 장중 1분 선차트와 일봉

일봉을 그리는 방법에 대한 이해를 돕기 위해 차트를 하나 더 그려봤다. 위의 차트는 2020년 10월 19일 KOSPI 1분봉과 일봉이다. 종가가 시가보다 낮아 음봉이고, 따라서 파란 색으로 그렸다. 몸통의 상단선이 시가이고, 몸통의 하단선이 종가이다. 장중 고점은 몸통 위로 그린 선의 고점인데, 고가와 1분봉의 고점이 조금 다르게 나타나는 이유는 장중 고점이 1분 단위의 종가보다 높을 수 있기 때문이다. 한편 장중 저가는 몸통에서 아래로 그은 선의 저점인데, 고점과 같은 이유로 선차트의 저가보다 일봉 캔들의 저가가 낮게 나타난다.

캔들의
모양에 대한 해석

↗ 장대양봉과 장대음봉

캔들에서 가장 중요한 부분은 몸통의 길이이다. 몸통의 길이가 길다는 뜻은 캔들이 형성된 기간(일봉인 경우 하루)에 크게 상승하거나(양봉) 하락했다는(음봉) 의미이다. 일반적인 캔들에 비해서 몸통의 길이가 3~4배 이상인 캔들을 장대음봉 또는 장대양봉이라고 부른다.

장대음봉 또는 장대양봉이 출현했다는 의미는 일반적인 시장에 비해 장중 추세가 강하게 나타났다는 의미이고, 장대양봉은 매수세가, 장대음봉은 매도세가 강하게 형성되었다는 뜻이다.

장대양봉은 보통 상승 추세 초기와 말기에 잘 나타난다. 추세가 시작되는 시점은 상승 에너지가 가장 강한 시점이기 때문에 장대양봉이 잘 나타난다. 바닥권 형성 후 박스권 상단선 등의 저항을 돌파하는 과정에서 장대양봉이

KOSPI 일봉(2019.2~2019.5) 하락 추세 시작 시점에 나타난 장대음봉

형성되면 새로운 상승 추세가 시작되었을 가능성이 높다고 할 수 있다. 반면 상승 추세 진행 과정에서 마지막 분출이 나타날 때에도 장대양봉이 나타나기도 한다.

반대로 장대음봉은 하락 추세가 시작되는 시점에 잘 나타난다. 중요한 저항에 도달했거나 지지대를 이탈한 후에 갑자기 장대음봉이 나왔다면 이후 하락세가 진행될 가능성이 높다고 할 수 있다.

위의 차트에서 2월과 4월 고점대가 위치한 2250pt 수준은 2018년 7월~9월 저점대로 중요한 저항이었다. 2019년 초 이후 상승세를 이어오다가 2250pt 부근에서 상승세가 제한되었고, 2월 28일에 장대음봉이 형성되면서 본격적으로 단기 하락 국면이 시작되었다. 마찬가지로 4월 초에 반등이 나타났지만 역시 2250pt 수준의 저항을 넘지 못한 가운데 4월 18일에 장대음봉이 형성되면서 본격적으로 하락세가 시작되었다. 2120pt는 3월 저점대로 중요한 지지대였지만 5월 9일 하락 과정에서 장대음봉이 나타나면서 박스권 하단선의 지지대를 이탈하고 낙폭을 확대하게 되었다. 이와 같이 중요한 저항을 넘지 못하거나 지지대를 이탈하면서 하락세가 시작되는 초기에 장대음봉이 나타나는 경향이 있다.

아래의 차트는 상승세 시작 시점에 장대양봉이 나온 사례를 나타낸 것이다. 보통은 하락 시작 시점에 나타나는 장대음봉에 비해서 상승 시작 시점에 나타나는 장대양봉은 크지 않은 모습을 보인다. 2019년 6월 3일에는 하락

KOSPI 일봉(2019.5~2019.9) 상승 추세 시작 시점에 나타난 장대 양봉

추세선 돌파 과정에서 장대양봉이 형성된 후 약 한 달간 상승세가 이어졌고, 2019년 9월 4일에는 박스권 상단선을 돌파하면서 장대양봉이 형성되었으며, 이후 상승세가 이어지는 모습을 보였다.

장대양봉 또는 장대음봉은 강한 추세를 나타내기 때문에 장대봉의 방향대로 당분간 시장이 진행될 가능성이 높지만 과매도 국면에서 장대음봉이 나타나기도 하고, 과매수 국면에서 장대양봉이 나타나기도 한다. 특히 바닥권에서 하락세가 강할 때 장대음봉이 자주 나오는데, 이 경우 장대음봉 자체가 하나의 중요한 저항이고, 이 저항을 돌파했다는 것은 하락세가 중단되었을 가능성이 높다는 의미로 해석할 수 있다.

특히 장대음봉의 중심선은 주가의 추세에 있어 중요한 분기점으로 작용한

KOSPI 일봉(2020.2~2020.7) 장대음봉의 중심선 돌파 시 중요한 저점대 확인

다. 이 장대음봉의 중심선을 넘어선 경우 대부분 중요한 바닥권을 형성하는 경향이 있다.

앞 페이지 하단의 차트를 보면, 2020년 3월 급락 과정에서는 장대음봉들이 연속으로 나오는 현상이 나타났다. 중요한 점은 장대음봉이 나온 후 그 음봉을 처음으로 절반 이상 회복한 3월 20일에 바닥권을 만들기 시작했다는 것이다. 6월 15일에도 단기 하락 과정에서 장대음봉이 나왔는데, 그 다음달이 음봉을 모두 회복하고 이후에 상승세가 이어지는 모습을 보였다.

↗ 꼬리가 긴 캔들에 대한 해석

캔들에서 위꼬리가 길게 형성되었다는 의미는 장중에 상승했다가 다시 하락한 폭이 크다는 의미이고, 아래꼬리가 길게 나타난 것은 장중 큰 폭으로 하락하고 다시 낙폭을 회복했다는 의미이다.

이렇게 장중에 등락 폭이 큰 모습은 추세 국면보다는 지지 저항에 도달했을 때 잘 나타나게 된다. 특히 추세적인 하락 또는 상승이 매우 강하게 나타난 후에 꼬리가 길게 나타나면 그 꼬리의 고점 또는 저점을 중요한 지지 저항으로 볼 수 있다.

상승 추세가 진행될 때 보통은 양봉이 지속적으로 나타나는데, 이때 위꼬리가 길게 나타나면 추가 상승이 쉽지 않다는 의미이다. 그래도 위꼬리의 고점을 돌파한다면 새로운 상승세가 이어지는 것으로 볼 수 있다. 하락장에서는 그 반대의 논리가 성립될 것이다.

KOSPI 일봉(2016.8~2016.12), 위꼬리와 아래꼬리가 긴 캔들 패턴

　　위의 차트는 꼬리가 길게 형성된 차트 패턴에 대한 사례이다. 2016년 6월 24일은 영국에서 브렉시트 투표 결과가 발표된 날이다. 당시에 브렉시트 국민 투표는 부결될 것으로 예상되었는데, 가결로 결과가 나오면서 장중에 급락했고, 장 후반에 낙폭을 줄이면서 아래꼬리가 길게 형성되었다. 당시에는 추가 하락에 대한 우려감이 컸던 시기였지만 이때 길게 나타난 아래꼬리가 추가 하락이 제한될 것이라는 중요한 단서가 될 수 있었고, 결국 24일 저점을 한 차례도 이탈하지 않은 가운데 반등에 성공했다. 이때 매매를 했던 사람이라면 24일 장중 저점을 스탑으로 설정하고 매수 포지션에 진입할 수 있었을 것이다.

2016년 11월 9일에는 예상을 뒤엎고 공화당 트럼프 후보가 대통령에 당선되었다. 그날에도 장중에 −3.61%까지 하락했지만 낙폭을 줄여 −2.25%로 마감되었다. 이후에 몇 주간 횡보 국면이 이어지기도 했지만 11월 9일 캔들의 몸통 하단선이 지지되면서 12월 들어 상승 국면이 시작되었다.

한편 2016년 8월, 9월에 형성된 고점대에서는 몸통이 긴 캔들보다는 위아래로 꼬리가 긴 캔들이 많이 나타났다. 중요한 저항에 도달했기 때문에 장중 방향성이 강하게 나타나지 못하고 장중 등락을 거듭하면서 고점대를 형성한 것으로 보인다.

📈 몸통이 선형인 캔들에 대한 해석

일반적으로 캔들은 몸통과 위꼬리, 아래꼬리로 이루어지지만 시가와 종가가 같으면 캔들의 몸통이 선으로 표현된다. 이런 캔들 모양을 도지(doji)형 캔들이라고 부른다. 여기서 종가와 시가가 완전히 같지 않으면 몸통이 사각형이 되겠지만, 종가와 시가 수준이 비슷해서 몸통이 작은 캔들을 통칭해서

십자형	잠자리형, 해머형, 교수형	역해머형, 묘비형

도지형 캔들이라고 부른다.

　도지형 캔들에는 크게 세 가지 형태가 있다. 첫 번째로 몸통과 위아래꼬리가 모두 존재하는 십자형 캔들이다. 이는 장중에 시가의 위아래로 등락하다가 시가 수준에서 종가가 형성된 모습을 나타낸다. 두 번째로 시가부터 하락하고 장중에 낙폭을 회복해 시가 수준에서 마감된 경우로 시가, 종가, 고가가 일치하는 잠자리형 캔들이 있다. 이 캔들은 형성 위치에 따라서 고점대에서 나오면 교수형이라고 부르고, 바닥권에서 나오면 해머형이라고 부른다. 세 번째 형태는 시가와 저가와 종가가 같은 캔들이다. 개장 후 장중에 상승하다가 다시 하락해서 시가 수준에서 마감된 경우를 나타낸다. 고점대에서 이런 캔들이 나타나면 묘비형이라고 부르고, 바닥권에서 나타나면 역해머형이라고 부른다.

　도지형 캔들은 기본적으로 다소 불안정한 상황이지만 매수와 매도세가 균형을 이룰 때 나타난다. 추세가 진행되는 과정에서도 이런 캔들이 나타날 수 있지만 양봉이 지속적으로 나타나다가 도지형 캔들이 나타난 경우 매수세가 강하다가 매도세가 강해져서 힘의 균형이 발생한 것으로 해석할 수 있고, 이런 경우 상승 추세가 하락 추세로 반전되는 경우도 있다. 반대로 음봉이 지속되면서 하락하다가 도지형 캔들이 나타나면 매도세가 약해지고 매수세가 강해져 두 힘이 균등해졌다는 의미로, 상승 반전 가능성을 타진할 수 있는 모습이라 할 수 있다. 따라서 도지형 캔들의 발생은 추세의 변화 가능성을 의미하고, 추세의 흐름과 도지형 캔들 발생 이후 추세가 반전되면 그것을 반전형 캔들 패턴으로 규정할 수 있다.

캔들의
패턴

📈 갭을 포함하는 반전형 패턴

　추세가 진행된 후 갭으로 도지형 캔들이 형성되고, 다시 기존 추세 반대 방향으로 갭이 형성되면 추세 반전 가능성이 높아진다. 오른쪽 페이지에서 위의 차트는 바닥권에서 이런 모양이 나타나는 사례를 든 것이다. 음봉을 형성하면서 하락세가 진행되다가 하락 갭이 형성되고, 도지형 캔들이 나타나면서 이후에 갭이 나타나며 상승하면 단기 바닥권이 나타날 가능성이 높다. 상승 가능성이 높다는 이유로 이런 모양을 새벽별 패턴이라고 부른다. 이때 도지의 모양은 십자형이 될 수도 있고, 역해머형이 될 수도 있고, 해머형이 나올 수도 있다.

　반면 상승 추세가 진행된 후에 갭으로 상승하면서 도지형 캔들이 형성된 후, 다시 하락 갭이 나타나면 하락 반전 가능성이 높은 모양으로 이를 저녁

KOSPI(2015.10~12) 새벽별 패턴

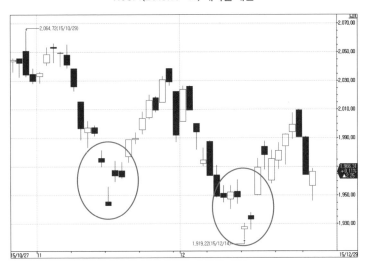

KOSPI(2008.11~12) 저녁별 패턴

별 패턴이라고 부른다. KOSPI 기준으로 보면 중장기 고점대를 형성하는 데 시간이 걸리기 때문에 이런 모양은 잘 나오지 않지만 단기 고점대에서는 종종 발생하는 패턴이다. 앞 페이지 아래의 차트는 2008년 11월에 단기 고점대에서 나온 저녁별 패턴의 사례이다. 역시 여기서 도지는 십자형과 묘비형, 교수형 모두 나타날 수 있다.

📈 갭이 없는 반전형 패턴

1) 관통형 패턴

갭이 없는 반전형 패턴으로 관통형 패턴을 들 수 있다. 이 패턴은 상승 반전 시에는 음봉이 형성된 후 양봉이 이전 음봉 몸통의 중심선을 돌파한 후에 상승하는 것을 의미하고, 하락 반전 시에는 양봉으로 상승하다가 음봉이 양봉의 몸통 절반 이상을 돌파한 후에 하락하는 것을 의미한다.

상승 추세가 강하게 진행될 때에는 보통 양봉의 절반 이상을 되돌리지 않는 경우가 많은데, 강한 상승 추세에서 양봉 형성 후 음봉이 형성되면서 양봉의 몸통 절반 이상을 되돌렸다는 의미는 상승 추세가 약화된 것으로 볼 수 있다. 그 후에 추세가 반전되었다면 '상승세 지속이 어렵다'는 의미로 해석할 수 있을 것이다. 하락 추세에도 같은 논리가 적용될 수 있다.

여기서 중요한 점은 이런 관통형 패턴이 나타나는 시점이 이전 저점이나 고점 등 중요한 지지 저항대에서 나타날 때에 보다 중요한 의미를 갖고, 추세가 진행될 때에는 추세선을 이탈하는 등 어느 정도 추세 반전이 나타나야

KOSPI(2018.9~2019.2) 상승 관통형 패턴

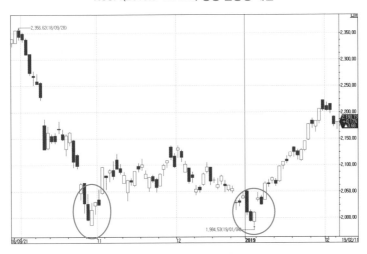

KOSPI(2012.11~2013.1) 하락 관통형 패턴

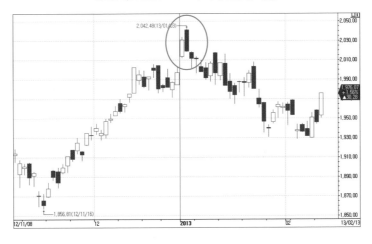

반전형 패턴으로 볼 수 있다는 것이다.

앞 페이지 위 그래프의 2018년 10월에 관통형 패턴이 나타났을 때, 60일 이평선 기준 이격도가 90% 수준으로 상당한 과매도권이었고, 2019년 초는 2018년 10월 저점대의 지지대가 존재하는 가격대로 반전형 패턴이 나타날 수 있는 상황이었다. 하단의 관통형 패턴이 나타난 시점은 2013년 초로 장기 횡보하던 박스피 상단선으로 2012년 고점대가 위치한 가격대였다. 이런 가격대에서 반전형 패턴이 나타나면 그 의미가 보다 중요할 것이다.

2) 장악형 패턴

관통형보다 좀 더 반전의 의미가 강한 패턴이 장악형 패턴이다. 상승 관통형 패턴이 하락 과정에서 양봉이 이전 음봉의 몸통을 절반 이상 되돌리는 패턴인 반면, 상승 장악형 패턴은 이전 음봉을 다음날 양봉이 완전히 감싸는 모양이 나오는 경우를 말한다. 한편 상승세가 진행되는 가운데 다음날 음봉이 전일 양봉을 완전히 감쌀 때 하락 장악형이라 부른다.

오른쪽 페이지 위 그래프에 상승 장악형 패턴이 발생한 사례는 2008년 11월 금융위기 때의 모습이다. 당시 10월 저점대 수준에서 반등 시도가 나오면서 상승 장악형 패턴이 발생했고, 단기로는 박스권 상단선까지 상승 폭을 확대했다. 그 아래 그래프는 하락 장악형으로, 2013년 10월 23일에 장대 음봉이 발생하면서 전날 양봉을 완전히 감싸는 모양이 나왔고, 이후 2014년 1월까지 하락세가 이어졌다. 2013년 10월 고점대는 역시 박스피 상단선으로 2012년과 2013년 초 고점대가 위치해 강한 저항이 예상되는 가격대였다.

KOSPI(2008.9~2009.2) 상승 장악형 패턴

KOSPI(2013.8~2014.1) 하락 장악형 패턴

3) 포아형 패턴

KOSPI(2015.6~2015.2) 상승 포아형 패턴

KOSPI(2008.10~2009.3) 하락 포아형 패턴

상승 포아형 패턴은 하락세가 진행되는 가운데 음봉이 형성되고, 다음날 양봉의 몸통이 전일 음봉의 몸통 안에서 형성되는 경우를 의미한다. 하락 포아형 패턴은 상승 과정에서 양봉이 형성되고, 다음날 음봉의 몸통이 전일 양봉의 몸통 안에서 형성되는 경우를 말한다. 일반적으로 두 번째 날 발생하는 봉은 몸통보다는 꼬리가 긴 도지형 캔들인 경우가 많다. 이는 캔들이 발생하는 양일에 걸쳐 장중 변동성이 커지는 경우로, 추세가 진행되다가 변동성이 커지면 추세 중단 가능성을 타진할 수 있다는 논리로 해석하면 될 것이다.

이 패턴 역시 패턴 자체보다도 발생 위치가 중요하고, 패턴 발생 전후의 움직임이 중요하다. 왼쪽 페이지 상단의 차트는 2015년 8월 24일, 25일에 걸쳐 발생한 상승 포아형 패턴으로 이전에 강한 하락세가 진행되는 가운데 박스피 하단선에 위치했고, 60일 이평선 기준 이격도가 90% 수준까지 하락했을 때에 나타났다. 그 아래의 차트에서 하락 포아형 패턴은 2009년 1월 7일, 8일에 발생했는데, 박스권 상단선의 저항대에서 나타나 단기 추세 반전 후 이전 단기 저점대까지 하락하는 데 그쳤다.

↗ 연속된 양봉 또는 음봉에 대한 해석

양봉이 연속해서 나타나는 경우 또는 음봉이 연속해서 나오는 경우는 중요한 추세 시작의 신호이다. 양봉이 연속해서 발생한다는 것은 장중에 매수세가 꾸준히 들어온다는 의미이고, 음봉이 연속해서 발생하는 것은 계속해서 매물이 출회된다는 뜻일 것이다. 5개의 양봉이 연속해서 나오면 5양련이라고 하고, 음봉이 연속해서 5개 나오면 5음련이라고 한다. 세 개의 양봉이

KOSPI(2013.7~2013.11) 5양련

KOSPI(2015.3~2015.7) 5음련

면 3양련, 7개면 7양련이라고 부를 수 있지만 개수 자체보다도 '중요한 분기점에서 왜 이런 패턴이 나왔느냐'와 '이후의 주가 흐름'이 중요하다.

주가가 종가 기준으로 강하게 상승하지 않더라도 연속적으로 양봉이 나오면 지지가 강한 것으로 해석할 수 있고, 이후에 상승 추세가 이어질 가능성을 타진할 수 있을 것이다. 특히 하락 추세 진행 후 중요한 지지대에서 이런 모습이 나오면 상승 추세 시작 가능성을 높게 볼 수 있을 것이다. 반대로 상승 추세 진행 후에 음봉이 연속적으로 나타나면 하락 추세 형성 가능성이 높다고 할 수 있다. 역시 중요한 저항대에서 이런 모양이 나오면 신뢰성이 더 높을 것이다.

왼쪽 페이지 상단의 차트는 단기 등락 과정에서 지속적으로 양봉이 발생한 후에 상승 추세가 시작되는 모습을 보였다. 한편 그 아래의 차트는 2015년 4월에 KOSPI에서 나타난 패턴이다. 당시 강한 상승 추세가 진행되면서 60일 이평선 기준 이격도가 107%에 도달하는 등 과매수권에 도달한 후에 연속으로 음봉이 발생하면서 중기 고점대를 만들었다.

지지 저항과 추세선은 기술적 분석의 시작이자 끝이다. 사진을
배울 때 처음 인물 사진을 찍다가 마지막에 최고수가 되어서 다
시 인물 사진을 찍는다고 들은 바 있다. 기술적 분석에서 지지 저
항과 추세선은 사진가에게 인물 사진과도 같은 것이다. 추세선은
실력에 따라 유용성의 차이가 클 것이다. 단순해 보이지만 고수
가 되었을 때 모든 걸 버리고 이것만 남기게 될 정도로 유용한 지
표라는 점을 꼭 기억하길 바란다.

- 3장 -

지지 저항과
추세에 대하여

지지 저항과 추세에 대한 사례 설명

만약 사람을 시장에서 거래한다면 그 가치는 얼마가 될까? 인간의 가치를 돈으로 계산한다는 것이 다소 무리일 수 있지만 주가 흐름을 단순하게 설명하기 위해서 사람의 몸값을 시장에서 평가할 수 있다고 가정해보겠다.

가장 일반적인 방법은 어떤 사람이 일할 수 있는 기간 동안 벌어들일 것으로 예상되는 현금의 현재 가치에서 그 기간 동안 그가 경제활동을 위해 소비할 것으로 예상되는 금액을 제외한 만큼이 현재가치가 될 것이다. 현재 상황이 유지되고, 언제까지 일할 수 있을지를 가늠하면 대략 얼마 정도의 경제적 가치가 있는지를 산출할 수 있을 것이다.

대기업에 다니는 A씨가 있다고 하자. 이렇게 계산한 A씨의 가치가 10억원 정도 되고 시장에서 A씨가 거래될 수 있다면 A씨의 몸값은 10억원 부근에서 등락을 할 것이다. A씨가 회사 생활을 하면서 좋은 성과를 내거나 승진을 하면 11억원 정도까지 상승할 것이고, 징계를 받거나 실적이 부진하면

9억원 정도까지 떨어지는 모습을 보일 것이다. 이런 상황이라면 A씨의 몸값은 9억과 11억원 사이에서 박스권을 형성하면서 움직인다고 볼 수 있다. 그러면 시장에서는 A씨의 몸값이 9억원 정도 되면 싸다고 생각해 매수세가 유입될 것이고, 11억원이면 비싸다고 생각해 매물이 출회될 것이다.

그런데 A씨의 회사에 문제가 생기는 바람에 정리해고가 되어서 회사를 그만두는 일이 발생했다고 하자. 그러면 A씨의 몸값은 과연 어떻게 될 것인가? A씨의 몸값은 단번에 9억원을 깨고 내려가서 지속적으로 하락하다가 어느 가격대에서 멈추게 될 것이다. 일반으로 A씨와 유사한 경력을 가진 구직자들의 평균 가치가 5억원 정도 된다면 A씨의 몸값은 5억원 수준에서 하락을 멈추게 될 것이다. 시장에서는 이제 A씨의 몸값을 5억원으로 보는 것으로 생각할 수 있을 것이다. 이제 A씨의 몸값은 5억원 부근에서 소폭의 등락을 하는 모양을 보일 것이다.

그런데 재취업보다는 창업이 더 유리할 것으로 생각되어 A씨가 빚을 내서 작은 식당을 개업했다고 하자. 그러면 어떻게 될 것인가? 처음에는 A씨에 대한 가치 평가가 매우 어려울 것이다. 식당이 잘되면 큰 돈을 벌 수도 있지만 잘 안 되면 빚만 남게 되는 경우도 있는데, 초창기에는 어떻게 될지 알 수 없기 때문이다. 그러면 시장에서 A씨의 몸값은 갑자기 6억원 이상으로 급등했다가 3억원 아래로 급락하고 다시 반등하는 불규칙한 모양이 나올 것이다.

시간이 경과되면서 점차 식당에 단골 손님이 생기고 수익이 발생하면 가격 등락 폭이 줄어들면서 점차 상승하는 모양이 나올 것이다. 5억원에서 6억원으로 상승하고 다시 몇 달 후에는 7억원이 되면서 급기야는 10억원을 넘어설 수 있을 것이다. 만약에 사업이 잘되어서 가게를 하나 더 차리면 아마도 이전 고점대인 11억원을 넘어설 수도 있을 것이다.

만약 11억원을 넘어가면 A씨가 기존의 회사를 다니는 것보다는 그만두게 된 게 결과적으로 더 잘된 일이라고 생각할 수 있을 것이다. 이전 고점대인 11억원을 돌파한 것은 굉장히 의미 있는 사건이 될 것이다.

두 가게가 모두 잘 운영된다면 A씨의 몸값은 빠르게 상승할 것이고, 20억원에 도달할 수도 있을 것이다. 그런데 두 가게가 어느 정도 포화되어 더 이상 수익이 증가하지 않는 모습을 보이면 다시 A씨의 몸값은 20억원 수준에서 정체될 것이다. 조금 낮아지면 18억원, 상승하면 21억원 정도를 중심으로 등락하면서 횡보할 것이다.

그러다가 갑자기 A씨가 암 선고를 받고 건강이 악화되었다면 A씨의 몸값은 어떻게 될까? 기존 박스권 하단선이었던 18억원을 깨고 아래로 내려갈 것이다. 기존 사업체에 종업원들이 있기 때문에 건강이 악화되어도 식당이 돌아갈 수 있다면 큰 폭으로 하락하지는 않는 가운데 어느 선에서 멈출 수 있을 것이다. 이 가격을 15억원이라고 가정하자. 그러면 A씨의 몸값은 15억원을 중심으로 등락할 것이고, 이제는 A씨의 몸값을 결정하는 가장 중요한 변수는 암치료의 경과가 될 것이다.

사람들이 시장에서 A씨의 경제적 가치를 가지고 거래를 한다면 처음에는 'A씨가 직장을 무사히 잘 다니느냐'에 관심이 있었을 것이고, 해고 이후에는 '다른 좋은 직장에 취직할 수 있을 것인가'에 관심이 있었을 것이고, 식당을 개업한 후에는 '식당이 과연 잘될 것인가'에 집중했을 것이다. 건강이 악화되었을 때에는 '병치료의 추이가 어떻게 될까'에 주목하게 될 것이다. 결국은 A씨가 벌 수 있는 돈의 현재 가치가 얼마나 될 것인가에 따라 A씨의 몸값이 결정되지만 돈을 벌기 위한 변수가 상황에 따라 바뀌게 되면 A씨를 둘러싼 다양한 상황에 관심을 갖게 될 것이다.

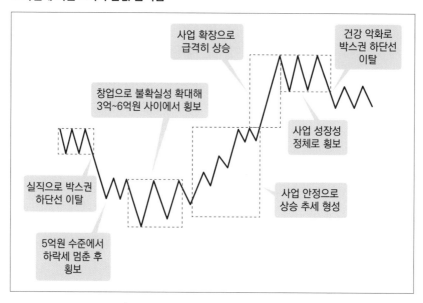

이제 지지 저항에 대한 얘기를 해보자. 앞서 A씨의 상황에 큰 변화가 없던 시점에는 특정 가격 범위 내에서 몸값이 결정된다. 첫 직장에 다닐 때 A씨의 몸값이 9억~11억원 사이에서 움직였다면 9억원은 상대적으로 싼 가격이고, 11억원은 비싼 가격이라 할 수 있다. A씨가 회사에 다니는 한 9억원 수준에서는 매수세가 유입될 가능성이 높고, 11억원 수준에서는 매물이 출회될 가능성이 높다.

이와 같이 싸다고 생각해서 매수세가 유입될 수 있는 가격대(여기서는 9억원이 될 것이다)를 지지대라고 하고, 비싸다고 생각해서 매도할 가능성이 높은 가격대(여기서는 11억원이 될 것이다)를 저항이라 한다.

그런데 첫 직장에서 실직을 당한다면 9억원은 더 이상 싼 가격이 아니게 된다. 상황이 바뀌었기 때문에 몸값이 9억원까지 떨어져도 더 이상 싸다고 매수하는 사람은 많지 않을 것이다. 즉 지지의 위치도 상황에 따라 변하게 된다. 앞의 사례에서 이제 지지는 5억원으로 낮아진다.

처음 사업을 시작할 때 불확실성이 확대되면서 몸값은 비교적 큰 폭으로 등락하게 된다. 3억원과 6억원 사이에서 움직이는데, 이는 사업이 고전한다면 A씨의 몸값은 3억원 정도로 떨어질 것이고, 잘되어도 6억원을 넘기 어려울 것이라고 시장에서 평가한 것이다. 불확실성이 커졌기 때문에 A씨를 바라보는 시각에 차이가 커질 것이고, 그만큼 지지와 저항의 폭도 커질 것이다.

여기서 사업이 잘되어서 6억원을 돌파한다면 시장의 평가가 완전히 달라진 것으로 볼 수 있다. 기존에 6억원이라는 저항은 사업이 잘된다 하더라도 이 수준을 넘기 어렵다고 평가한 것이었는데, 6억원을 돌파한 것은 분명히 기존의 기대보다 좋게 볼 수 있는 근거가 생겼기 때문일 것이다.

그런 상황이 되면 이후 7억, 8억원으로 상승 폭을 확대하는 것은 매우 쉬워진다. 그리고 일시적으로 장사가 부진해서 몸값이 떨어지더라도 6억원 아래로는 하락하기 어렵게 된다. 이미 사업이 자리를 잡은 터라 특별한 변화가 있지 않는 한 6억원이 되면 싸다는 평가가 나올 것이고 매수세가 들어올 것이다. 결국 돌파된 저항은 지지대가 될 것이다.

사업이 순항을 하면 A씨의 몸값은 꾸준히 상승할 것이고, 약간의 등락이 있더라도 저점을 지속적으로 높이면서 상승세를 이어갈 것이다. 이렇게 상승 추세가 진행될 때 저점을 연결한 선을 상승 추세선이라고 하고, 이는 지지대로 작용한다. 상승 추세선을 이탈한다는 것은 기존의 추세가 변화되거나 당분간 횡보할 수 있다는 의미를 내포하고 있다.

앞의 사례에서는 20억원을 넘어선 후에 상승 추세선을 이탈하고, 18억이 지지대로, 21억원이 저항대로 작용하면서 횡보 국면이 진행되었다. A씨가 암 선고를 받고 하락할 때에는 18억원 수준에 있는 지지대를 이탈하게 될 것이다. 기존의 상황이 달라졌기 때문이다. 이후에 지지대는 15억원이 되고, 15억원에 도달하면 반등이 나올 수 있지만 A씨의 건강이 회복되지 않는 한 18억을 넘기 어려울 것이고, 이때 18억원을 저항으로 볼 수 있을 것이다.

지지 저항과
박스권의 활용

📈 지지 저항의 개념

　결국 지지란 지금 상황에서 매수세가 유입될 가능성이 높은 가격대이고, 저항은 매물이 출회될 가능성이 높은 가격대이다. 다만 지지 저항을 만들었던 어떤 상황이 변화하면 지지대가 이탈된 후 낙폭을 확대하기도 하고, 저항을 돌파하고 상승세가 이어질 수도 있다.

　지지가 이탈되었다는 것은 주가가 하락할 이유가 생겼다는 뜻이고, 그 가격대를 지지대로 봤던 때와는 상황이 달라졌기 때문에 이탈된 지지대는 저항이 된다. 반대로 저항을 돌파했다면 기존에 상승을 제한하던 이유가 없어졌다는 의미로 돌파된 이전 저항대는 다시 지지대로 작용한다.

　횡보할 때에는 박스권 하단선 또는 상단선이 지지와 저항으로 작용하지만 추세가 진행될 때에는 상승 추세선 또는 하락 추세선이 지지 저항으로 작용하고, 이동평균선도 지지 저항의 역할을 한다. 또한 과거에 중요한 분기점으로 작용했던 가격대도 이후에 지지 저항으로 작용한다.

실제로 기술적 분석을 적용할 때에는 이평선과 추세선 박스권 등이 혼재되어 있어 정확하게 지지 저항대를 찾고, 그 강도가 얼마나 강할 것인가를 잘 추정하는 것이 중요하다. 뿐만 아니라 지지나 저항대가 정확하게 한 가격대가 되는 것이 아니라 일정한 범위에 걸쳐 있거나 일시적으로 돌파되는 듯하다가 돌파에 실패하는 경우도 있기 때문에 이에 대한 적절한 해석과 대응이 필요하다.

📈 박스권의 지지 저항 적용 사례

이제는 실제 박스권의 지지 저항을 활용한 사례를 들어보겠다. 오른쪽 페이지의 차트는 2018년 3월에서 2019년 1월까지 KOSPI 일봉 차트이다. 2018년과 2019년은 박스권의 지지 저항이 특히 잘 맞았던 시기였다.

2018년 6월에 미국에서 500억달러에 해당하는 중국산 제품에 25% 관세를 부과하기로 발표하면서 3~5월 박스권 하단선으로 작용한 지지대를 이탈하고 급락했다. 급락세가 이어지다가 7월 초에 2250pt 부근에서 하락이 멈추게 된다. 이후 2250pt 부근을 지지로, 2350pt 수준을 저항으로 하는 박스권 흐름이 약 2개월간 진행되었다.

2018년 9월 말에는 박스권 상단선을 돌파하는 듯했지만 돌파된 박스권 상단선을 다시 이탈하고 하락한 후에 2250pt 수준에 위치한 박스권 하단선까지 이탈하고 낙폭을 확대했다. 10월 중반에 2150pt 부근에서 하락세가 진정

KOSPI 일봉(2018.3~2019.1)

되는 듯했지만 다시 하락해 결국 10월 말에 2000pt 수준에 도달한 후에 반등했다. 이렇게 되면 10월 중에 하락세가 진정되었던 2150pt 수준이 저항이고, 2000pt는 지지로 볼 수 있을 것이다. 11월 말에는 반등 과정에서 2150pt 수준의 저항을 넘지 못했고, 2019년 1월 초에는 2000pt 수준이 지지대로 작용하면서 반등했다.

박스권 활용 시 주의할 점은 전고점 저항을 일시적으로 돌파한 후에 다시 이탈하거나 전저점 지지를 이탈한 후에 회복하는 경우가 종종 있다는 것이다. 2018년 8월과 9월에 이런 사례들이 나왔는데, 전저점 이탈 후 회복 시 매수하되 새로운 저점을 스탑으로 설정하고, 전고점 돌파 후 이탈할 경우에는 매도하되 새로운 고점을 스탑으로 설정하면 될 것이다.

KOSPI 일봉(2018.3~2019.1)

　　위의 차트를 보면 2019년 1월 20일 경에 12월 고점대에서 상승 탄력이 일
시적으로 둔화되는 모습을 보였지만 결국은 돌파하고 2250pt 수준까지 상
승 폭을 확대했다. 2250pt는 2018년 6~9월까지 지지대로 작용하던 가격대
로 저항이라고 볼 수 있고, 2019년 2월 말에는 하락 가능성을 타진할 수 있
었을 것이다. 2019년 3월 저점은 2012년 12월 고점과 비슷한 수준에서 나타
나 2150pt 부근에서는 반등을 기대할 수 있었을 것이다. 만약 여기서 지지에
실패했다면 2000pt 수준까지의 하락도 가능했을 것이다.

　　2019년 4월에는 2월 고점에 도달해 2250pt는 저항이라고 볼 수 있고, 이
가격대에서는 하락 반전을 예상할 수 있었을 것이다. 2019년 5월 9일에는
2120pt 부근이 3월 저점대라서 반등을 기대할 수 있었지만 트럼프 대통령의

중국에 대한 강경 발언으로 미중 무역분쟁 우려감이 부각되면서 KOSPI는 그대로 낙폭을 확대했다.

5월 말에는 반등에 나섰지만 1월 저점대까지 하락하지 않고 반등해 박스권 지지 저항의 기준으로는 바닥을 잡아내기 어려웠을 것이다.

2019년 7월 말과 8월 초에 걸쳐 급락세가 진행되었는데, 일본의 한국에 대한 무역 화이트리스트 배제가 이슈가 되었다. 8월 2일에 2000pt 수준에 위치한 연초 저점대 수준에 도달해 지지를 기대할 수 있었지만 지지대가 쉽게 무너지고 추가로 하락해 1891.81pt에서 바닥을 만들고 반등했다. 8월 중 등락 과정에서 단기 저점이 1900pt 위에서 형성되어 이들 가격대에서 바닥권 형성 가능성을 타진할 수 있었을 것이다. 9월 들어 빠르게 상승 폭을 확대하는 과정에서 2100pt 수준에 위치한 이전 고점대 저항에 도달하면서 저항을 받고 다시 상승 폭을 줄였다.

이 사례에서 볼 수 있듯이 중요한 이벤트가 발생할 때에는 이전 고점이나 저점대 등의 지지 저항대를 쉽게 돌파하기도 하지만 그렇지 않은 경우 박스권 상하단 선은 중요한 분기점으로 작용하고 향후 주가 흐름을 가늠하는 데 유용한 힌트가 될 수 있다.

지지대와 저항대를
찾는 방법

이전 사례를 자세히 보면 이론처럼 지지 저항대가 명확하게 하나의 가격대로 나타나지 않는 모습을 볼 수 있다. 지나고 보면 대략 그 정도가 지지대 또는 저항대라는 것을 알 수 있지만, 그것이 형성되는 시점에는 돌파 여부를 판단하기 어려운 경우가 많다.

여기서 자주 나타나는 문제는 오른쪽 페이지 위의 그림과 같이 전고점의 저항이나 전저점의 지지를 일시적으로 이탈하고 회복하는 경우이다. 이런 경우를 막기 위해서 지지나 저항을 3% 정도 돌파해야 돌파가 확인된 것으로 본다는 방법론을 제시하기도 한다. 필자가 오랫동안 시장을 관찰해본 결과, 전고점 돌파 후에 상승 폭을 빠르게 확대하거나 전고점에 안착하지 못하고 단기간에 다시 이탈하는 모습을 보이면 결국 전고점 저항을 넘지 못하는 것으로 귀결되는 경우가 많았다.

오른쪽 페이지 위의 그림과 같이 1차 저항을 돌파하면 일단 상승세가 이

저항대를 일시적 돌파 후 되돌리는 경우

지지대를 일시적 이탈 후 되돌리는 경우

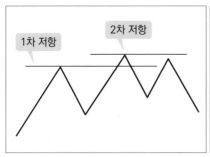

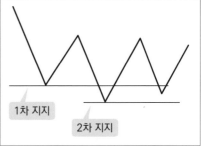

KOSPI 일봉(2019.1~2019.8)

어지는 것으로 추정하고, 단기간에 다시 1차 저항을 이탈하면 최근 단기 고점을 2차 저항으로 보고 그 가격대까지 저항대로 판단하고 2차 저항을 넘지 못하는 한 하락 반전하는 것으로 보면 저항대의 일시적 돌파로 인한 오류를 어느 정도 줄일 수 있다. 지지는 이와 반대로 1차 지지대를 이탈하면 일단 하락으로 보고, 단기간에 1차 지지를 회복하면 이전 단기 저점을 2차 지지로 설정하고 2차 지지를 이탈하지 않으면 반등 국면이 진행되는 것으로 판단할 수 있다.

앞 페이지 아래의 차트는 전고점 저항을 일시적으로 넘고 되돌린 경우에 해당하는 사례이다. 2019년 4월에 2019년 2월 고점을 일시적으로 돌파한 후에 3일 만에 1차 저항을 다시 이탈하고 하락해서 2252pt가 2차 저항으로 확인되고 이후에 하락세가 이어졌다.

2019년 6월 12일에는 3월 저점대의 저항을 넘지 못하고 3일간 하락세가 이어졌지만 6월 19일에 3월 저점대를 돌파하고 7월 초까지 상승 시도를 이어가다가 하락했다. 이 경우에도 7월 3일에 1차 저항을 이탈하고 낙폭을 확대했다.

오른쪽 페이지 위의 차트는 이전 저점대를 일시적으로 이탈 후 회복한 사례이다. 2016년 2월 12일에는 장중에 1월 저점대를 하회해 추가 하락 가능성에 무게를 둘 수 있었지만 장중에 1차 지지대를 회복해 반등 가능성이 높은 모습을 보였고, 이후 4월까지 상승세를 이어갔다.

2016년 6월 24일은 영국의 브렉시트 관련 국민투표 가결로 장중에 급락해서 5월 저점대를 이탈했지만 이틀 뒤에 1차 지지대를 회복한 후 반등 국면을 이어갔다. 만약 1차 지지대 회복 후 강하게 상승하지 못하고 다시 하락한다면 2차 지지대를 스탑으로 설정하고 매수 포지션을 유지할 수 있을 것이다.

KOSPI 일봉(2015.12~2016.8)

KOSPI 일봉(2020.7~2020.10)

반대로 전고점의 저항에 도달하지 못하고 고점을 만들거나 전저점의 지지에 도달하지 못한 가운데 반등하는 경우도 존재한다. 일단 주가가 상승해서 전고점에 근접하면 전고점에 도달하지 못할 가능성을 어느 정도 염두에 둬야 하고, 단기 상승세가 진행되는 과정에서 추세선이나 단기 이평선 등의 기준점을 잡아둬야 한다. 주가가 전고점에 도달하지 못하더라도 이런 기준점을 이탈하는 모습을 보이면 일단 전고점 돌파에 실패했다고 가정하고 매도를 하는 등 조치를 취할 수 있을 것이다.

앞 페이지 아래의 사례는 2020년 8~10월의 KOSPI 일봉으로, 9월에는 8월 고점대에 도달하지 못하고 하락했지만 9월 21일에 단기 상승 추세선을 이탈해 레버리지를 팔거나 인버스를 매수할 수 있었을 것이다. 10월에는 9월 고점보다 조금 더 낮은 수준에서 단기 고점이 나왔는데, 역시 추세선을 이탈한 10월 14일에 매도 관점의 접근이 가능했을 것이다. 필자는 실제로 이 두 날 인버스를 매수해 수익을 확보했다.

추세선의 작도와
활용법

상승 추세란 고점과 저점이 높아지는 주가 흐름을 말한다. 상승 추세선은 고점과 저점이 높아질 때 저점을 연결해서 그은 선을 의미하고, 상승 추세에서 고점대를 연결한 선을 추세대선이라고 한다. 상승 추세는 단기 고점과 저점이 높아졌을 때 시작되고, 상승 추세 진행 중에 전고점을 넘지 못하면 상승 추세 중단으로 볼 수 있다.

상승 추세에서 고점과 저점이 모두 높아지는데, 저점을 연결한 선을 상승 추세선이라고 부르는 이유는 저점을 연결한 선이 보다 이성적인 사람들이 매수하는 가격대이기 때문이다. 상승 추세에서는 단기적으로 매수심리가 강할 때 고점을 만들고, 상승 심리가 다소 약화되면서 저점을 만들면서 고점과 저점이 꾸준히 높아지게 된다. 따라서 고점대는 매수심리가 단기로 강할 때의 주가를 연결한 것이고, 저점대는 매수심리가 단기적으로 약화되었을 때의 주가를 연결한 것이라 할 수 있다. 결국 상승 추세대선은 심리선이라고

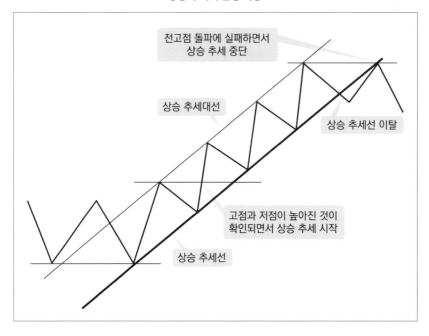

전고점 돌파에 실패하면서
상승 추세 중단

상승 추세대선

상승 추세선 이탈

고점과 저점이 높아진 것이
확인되면서 상승 추세 시작

상승 추세선

할 수 있고, 상승 추세선은 매수심리가 약화되어도 더 이상 빠지지 않는 가
격대로 이성선이라고 부를 수 있을 것이다.

하락 추세란 고점과 저점이 낮아지는 주가 흐름을 말한다. 하락 추세선은
고점과 저점이 낮아질 때 고점을 연결해서 그은 선을 의미하고, 하락 추세에
서 저점대를 연결한 선을 추세대선이라고 부른다. 하락 추세는 단기 고점과
저점이 낮아졌을 때 시작되고, 하락 추세 진행 중에 전저점 지지에 성공했을
때 중단된다.

하락 추세에서는 단기적으로 공포감이 극대화될 때 저점을 형성하고, 공
포감이 줄어들면서 반등해서 고점을 형성한다. 단기 저점대는 심리가 주도

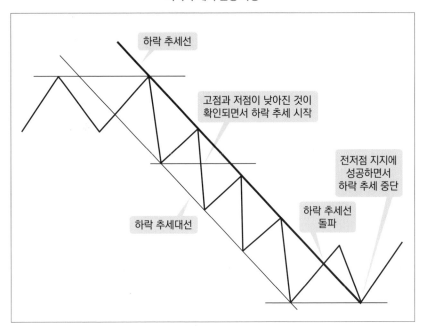

하는 가격대이고, 단기 고점대는 공포감이 줄어들어도 더 이상 올라가지 못하는 가격대로, 이성적인 매도자들이 매도하는 가격대라 볼 수 있다. 따라서 하락 추세에서도 추세대선은 심리선이라 볼 수 있고, 하락 추세선은 이성선이라 규정할 수 있다. 이런 이유로 고점과 저점이 모두 낮아지지만 고점을 연결한 선을 하락 추세선이라고 부르는 것이 타당할 것이다.

다음 페이지 위의 상승 추세의 사례는 2020년 4월부터 진행된 KOSDAQ 150 지수 일봉 차트이다. 2020년 4월 저점에서 그은 상승 추세선을 9월에 이탈하고 장기 상승 추세가 마감되었다. 추세선에서도 일시적인 이탈과 회복이 나타나는 경우가 있는데, 2020년 8월에 이와 같은 모습이 나타났다. 추

KOSDAQ150 일봉(2020.4~10), 상승 추세

KOSDAQ150 일봉(2018. 1~9), 하락 추세

세선을 이탈하면 돌파된 이전 고점대 등의 지지대의 지지 여부가 중요하다. 8월에 추세선을 이탈한 후에도 6월 고점대를 이탈하지 않고 추세선을 회복하면서 추세를 이어갈 수 있었다. 9월에는 추세선 이탈 후 8월 저점대까지 하락해 상승 추세가 중단되었다. 한편 9월 고점대에서는 추세대선에 도달하지 못하고 단기 조정에 들어갔는데, 이와 같이 단기 상승 시 추세대선까지 상승하다가 추세대선에 도달하지 못하면 상승 에너지 약화와 이후 추세 중단 가능성을 타진할 수 있는 힌트로 볼 수 있다.

왼쪽 아래의 하락 추세의 사례는 2018년 1월에서 9월까지 형성된 KOSDAQ150지수 일봉 차트이다. 2020년 4월부터 고점과 저점이 꾸준히 낮아지는 가운데 8월에 단기 고점이 높아지면서 하락 추세가 마감되고, 8월 말에 하락 추세선을 돌파하는 모습을 보였다.

채널의
해석과 활용

추세선과 추세대선을 합쳐서 채널이라고 부른다. 앞에서 추세선은 이성적인 투자자들의 움직임을 잘 나타내는 반면, 추세대선은 시장이 공포 또는 탐욕과 같은 심리적 흥분 상태일 때 투자자들의 움직임을 잘 나타낸다고 설명했다. 심리적인 흥분의 정도 역시 일정한 패턴을 형성하기 때문에 추세대선도 지지 저항으로 작용하고, 채널의 모양을 통해서 시장의 심리적인 흐름을 가늠하는 것도 가능하다.

가장 일반적인 모양은 나란히 움직이는 채널이다. 이런 패턴은 시장의 심리적인 흥분의 정도가 일정하게 유지되는 경우에 나타나고, 추세 지속 가능성이 높다는 의미로 해석할 수 있다. 또한 채널의 크기도 중요한데, 채널의 폭이 크다는 의미는 단기 추세가 발생할 때 심리적 흥분의 크기가 크다는 뜻이다. 채널의 폭이 작은 것은 상대적으로 심리보다는 이성이 작용하는 영역이 더 큰 추세라고 할 수 있다. 따라서 채널의 폭이 작을수록 추세 지속 가능

성이 높은 것으로 이해할 수 있다.

　위의 사례는 2019년 3월에서 10월까지의 KOSPI 일봉 차트이다. 7월 초에 단기 고점대가 형성된 후 일본이 한국을 수출 대상 화이트리스트에서 제외하면서 반도체 생산에 차질이 생길 수 있다는 우려감이 부각되어 8월 중 급락세가 나타났다.

　이어 8월 초에는 5월 저점을 이탈해 하락 추세가 확인되었고, 4월과 7월 고점을 연결한 추세선을 5월 저점에 평행 이동해서 추세대선을 그릴 수 있었다. 추세대선이 수렴되거나 확산되는 모양으로 진행될 수도 있지만 추세선과 평행하게 진행된다고 가정할 때 1900pt 수준을 하락 목표로 볼 수 있었고, 실제로 KOSPI는 1891pt 수준에서 바닥이 형성되고 반등하는 모습을 보였다.

이 사례의 경우 채널의 폭이 매우 크기 때문에 하락 추세가 지속되기 어려울 것으로 예상할 수 있었고, 9월 중에 하락 추세선을 회복할 때에는 장기 하락세가 마감된 것으로 판단할 수 있다.

아래의 차트는 2007년 상승장의 추세를 나타낸 것이다. 4월 초에서 5월까지는 작은 채널을 형성하면서 안정적으로 상승세가 이어졌다. 6월 들어서 상승 속도가 빨라지면서 7월까지 추세대선의 기울기가 가팔라져 채널이 확산되는 형태를 만들었다. 이후 8월에 단기 급락세가 나타나면서 추세선을 이탈

KOSPI 일봉(2007.1~9), 확장되는 상승채널

하고 이후에 다시 반등했지만 2008년 금융위기의 전주곡이 이때 만들어지고 있었다. 2007년 여름은 매수세가 매우 강한 시점이었지만 이런 흥분상태가 나타날 때 추세 지속이 쉽지 않다는 것을 보여준 사례가 되었다.

채널이 확장되는 것과는 반대로 채널이 축소되는 모습도 종종 나타난다. 채널의 확산은 심리적 흥분의 강도가 강해지는 것인 반면, 채널이 축소되는 것은 심리적 흥분의 강도가 약해지는 것이고 시장 에너지의 약화라고 볼 수 있다. 아직 추세선이 이탈되지 않았지만 단기적으로 반등하는 강도가 약해지는 것으로, 결국 추세선 이탈로 이어지는 경우가 많다.

아래의 차트는 2015년 하반기 KOSPI 일봉으로 8월 24일 이후 상승하는

KOSPI 일봉(2015.6~2016.1), 수렴되는 상승채널

과정에서 10월 들어 단기 상승 시 고점이 높아지는 속도가 줄어들면서 채널이 축소되었고, 결국 11월에 추세선 이탈 후 낙폭이 확대되었다.

내용을 정리해보면 다음과 같다. 추세대선과 추세선의 간격은 심리적 강도를 나타내는 것으로, 이것이 일정할 때 심리적 흐름이 안정적이라 볼 수 있고 이때 추세 지속가능성이 높다고 할 수 있다. 반면 채널의 폭이 너무 크거나 채널이 확산되면 심리적 흥분의 정도가 강하기 때문에 추세 지속이 어렵다. 채널이 좁아지면 추세 방향으로 심리가 약화되는 것이기 때문에 추세 지속가능성이 높지 않다.

추세의
강화와 약화

　추세가 형성되었다고 그대로 진행되는 것은 아니다. 주가 흐름이 변하면 추세선의 기울기도 변하게 된다. 지금까지는 추세선을 이탈하면서 추세가 중단된 사례를 중심으로 설명했지만, 이제부터 추세가 진행되는 과정에서 추세가 강화되기도 하고 약화되기도 하는 경우에 대해 설명할 것이다.

　상승 추세가 약화되는 것은 단기 고점과 저점이 높아지면서 상승세가 이어지는 가운데 추세선의 기울기가 약화되는 것을 의미하고, 강화되는 것은 추세선의 기울기가 가팔라지는 것을 나타낸다.

　상승 추세 진행 시에 기존의 추세선보다 높은 수준에서 단기 저점이 형성된 후에 이전 고점대를 돌파하면 기존 추세선에 도달한 최근 저점과 추세선보다 위에서 형성된 단기 저점을 연결해 새로운 상승 추세선을 그린다. 이 경우 '추세가 강화되었다'고 하고, 상승 추세는 유지되지만 기존 추세선을 이탈하는 경우 '추세가 약화되었다'고 한다.

KOSPI 일봉(2014.12~2015.6), 상승 추세 강화

위의 차트는 2015년 상반기 일봉으로 1월, 2월 저점대를 연결해서 첫 번째 추세선이 형성되었지만 4월 중 조정 과정에서 기존의 추세선에 닿지 않고 상승해 3월 고점대를 돌파했다. 이 경우 3월 중반 단기 저점과 3월 말 저점을 연결해 추세선을 긋고 그것이 강화된 추세선이 된다. 4월 중에는 다시 추세가 강화되면서 강화된 추세선을 그을 수 있었지만 4월 말에 두 번째로 강화된 추세선은 결국 이탈되었고, 5월 중에는 첫 번째 추세선에서 지지 시도가 있었지만 6월 초에 이탈되면서 낙폭이 확대되었다.

여기서 중요한 점은 추세가 강화되더라도 강화되기 이전의 완만한 추세선이 이후의 조정 과정에서 다시 지지로 작용한다는 것이다. 또한 2번 추세선 이탈 후에는 2번 추세선이 저항으로 작용했다.

KOSPI 일봉(2019.7~2020.4), 추세선의 순차적 작도 사례

추세선은 주가가 움직이는 것을 따라서 그어 나가야 한다. 위의 사례에서 2019년 6월에서 2020년 4월까지 KOSPI에서 추세선을 순차적으로 그리는 과정을 보였다. 2019년 8월 말 저점과 10월 저점을 연결해서 1차 추세선을 그을 수 있었을 것이다. 11월에 1차 추세선 이탈 후 12월 중에 11월 고점대를 돌파할 때 8월 말 저점과 12월 초 저점을 연결해서 2번 추세선을 그을 수 있었을 것이다.

2020년 1월 초 조정 과정에서 2번 추세선까지 오지 않고 12월 고점대를 돌파했을 때, 12월과 1월 저점을 연결해 3번 추세선을 그을 수 있었을 것이다. 1월 말에 3번 추세선을 이탈하고 하락할 때, 4번 추세대선을 확인할 수 있었을 것이다.

2월 초에 2번 추세선을 일시적으로 이탈한 후 회복했지만, 2월 중에 1월 고점대를 넘지 못하고 하락하면서 5번 추세선이 형성되었다. 이후 낙폭이 확대되는 가운데 3월 중에 단기 고점이 형성되어 6번 추세선이 만들어졌고, 다시 하락하면서 3월 초 저점대를 이탈해 7번 추세선을 그을 수 있었다. 결국 이와 같이 고점 돌파와 저점 이탈을 중심으로 선을 연결하다 보면 강화되는 추세선과 둔화되는 추세선을 자연스럽게 그을 수 있을 것이다.

추세선과 박스권의
실전 활용 사례

　이제 지금까지 배운 박스권과 추세선을 활용해서 어떻게 주가를 전망하는지 사례를 들어 설명할 것이다. 추세선을 긋는 일반적인 원칙은 앞서 설명한 것과 같지만, 실제로 추세선을 긋다 보면 분석가마다 조금씩 다르다.

　추세선은 사실상 두 개의 고점 또는 저점만 있으면 그을 수 있지만 모든 선들이 의미가 있는 것은 아니다. 여기서 중요한 선만을 남겨서 분석과 매매의 기준으로 삼게 된다. 사람마다 중요하게 보는 것이 조금씩 다르기 때문에 추세선 작도가 사람마다 달라진다. 결국 자신이 그은 추세선 중 향후 시장에 중요한 영향을 미치는 선이 많고, 주가 흐름을 명확하게 보여주는 추세선을 그은 사람이 실력 있는 사람이라고 할 수 있다.

　추세선의 가장 큰 단점은 추세선을 잘 긋기 위해서는 상당한 훈련이 필요하다는 것이다. 처음에는 일단 추세선을 만들 수 있는 두 개의 고점 저점을 모두 그어보고 지지 저항으로 의미가 없는 것들을 하나씩 지워가는 방식으

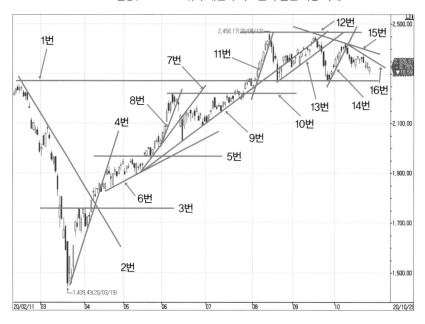

KOSPI 일봉(2010.2~10), 추세선과 박스권의 실전 적용 사례

로 훈련하는 것이 좋다. 그러다가 어느 정도 실력이 쌓이면 처음 보는 차트
에서도 어떻게 추세선을 그리면 의미 있는 지지 저항이 될지 어렵지 않게 판
단할 수 있을 것이다.

　위의 차트는 2020년 3월 급락 이후 반등 과정에서 추세선을 그리는 과정
을 설명한 것이다. 추세선을 그린다면 어떤 순서로 어떻게 그려야 하는지 함
께 시장을 추적해보자. 설명 과정에서 추세선, 박스권 등의 이름을 생략하고
번호로만 언급할 것이다.

　1번은 1월 고점대이다. 1월에 고점을 형성하고 2월에 1월 고점을 넘지 못
했기 때문에 1번 선은 중요한 분기점이 될 것이다. 이후 하락세가 이어지는

과정에서 3월 초에 반등 시도가 있었지만 다시 하락해서 2월 고점과 3월 초 고점을 연결해 2번 하락 추세선을 그린다. 이제 2번 선 이탈 전까지는 하락세가 지속되는 것으로 해석할 수 있다.

3월에 반등에 나서면서 3월 말에 1700pt 부근에서 박스권을 형성해 3번 선을 그릴 수 있었고, 4월 6일 상승 과정에서 2번 선과 3번 선을 동시에 돌파해 상승 국면이 진행되고 4번 선을 그릴 수 있었을 것이다. 4월 13일에는 음봉이 나오면서 4번 추세선을 이탈했지만 완만하게나마 상승세는 지속되었다. 4월 말과 5월 초에 박스권을 형성하다가 5월 19일에 박스권 상단선을 돌파하면서 5번선을 그리고, 6번 추세선도 그릴 수 있었다. 5월 말 상승 과정에서 7번 추세선이 그려졌고, 6월 초에 상승 기울기가 강화되면서 8번 선이 그려졌다.

6월 15일 급락 후 점차 단기 저점을 높여가면서 9번 추세선이 그려졌고, 7월 말에 전고점인 10번 선을 돌파하면서 다시 새로운 상승세가 나타났다. 8월 초에는 1번 선까지 돌파하면서 상승 기울기가 강화되었고, 11번 추세선을 그릴 수 있었다. 11번 추세선을 이탈하면서 8월 고점대에 12번 선을 그릴 수 있었다.

8월 중반 하락 과정에서 1번 선의 지지로 반등에 나섰고, 8월 중반에서 9월 중반까지 상승 과정에서 13번 추세선이 그려졌고, 9월 말 하락 과정에서 1번 선의 지지로 반등했다. 10월 초 상승 과정에서 14번 추세선을 그릴 수 있었고, 11번 추세선 이탈 후에는 9월과 10월 고점대를 연결해서 15번 하락 추세선이 형성되었다. 10월 중후반 하락 과정에서 단기 고점이 낮아지면서 16번 추세선이 그려졌다. 이때부터는 16번 추세선 회복 전까지 하락 시속으로 볼 수 있고, 이전 저점대인 1번 선에서 지지 가능성을 타진할 수 있었을 것이다.

이전 저점대인 1번 선에서 지지 가능성을 타진할 수 있었을 것이다.

이동평균선은 시장에서 평가한 주식의 가치이다. 이 가치의 흐름
을 통해 시장의 상황을 입체적으로 해석할 수 있고, 매매 시점으
로도 유용하게 사용할 수 있다. 실전에서 여백이 있을 수 있지만
박스권과 추세선의 지지 저항을 같이 활용하면 보다 구체적인 매
매 시점을 찾을 수 있을 것이다.

- 4장 -

이동평균선의
활용법

이동평균선이란
무엇인가?

　이동평균선은 과거 일정 기간 주가를 평균한 가격을 의미한다. 여기서 '이동'이란 말이 들어간 이유는 최근 며칠간의 주가 평균값으로 매일 매일 그 값이 변하기 때문이다.

　대표적으로 사용되는 이동평균선(이하 이평선)에는 단순 이평선과 지수 이평선이 있다. 단순 이평선은 일정 기간 주가의 단순 평균값으로, 예를 들어 5일 이평선이라고 하면 최근 5일 간의 주가의 평균을 말한다. 즉 오늘의 5일 이평선 값은 오늘(D-0), 어제(D-1), 그제(D-2), 3일 전(D-3), 4일 전(D-4)의 주가의 평균값인데, 내일이 되면 4일 전의 주가(D-4)가 빠지고, 내일의 주가가 더해져 5일간의 주가를 더해서 5로 나눈 값이 5일 이평선이 될 것이다. 일반적으로는 5일, 20일, 60일, 120일 이평선을 사용한다.

　단순 이평선은 하루가 지나면서 가장 먼 과거의 값이 빠지고 다음날 주가가 들어오면서 이평선 구성 요소 중 두 개의 값이 동시에 변화한다. 그리고 이평선을 만드는 기간의 모든 값들의 가중치가 동일하다는 한계를 가진다. 이에 지수 이동평균선(Exponential Moving Average)이라는 것이 만들어졌는데, 이것은 어제 이평선 값과 오늘의 주가를 일정한 가중치를 줘서 평균한 값으로 수식으로 나타내면 다음과 같다.

지수 이평선 = 전일 지수 이평선 × N/(N+1) + 금일 종가 × 1/(N+1)
(N은 이동평균기간)

지수 이평선은 주로 보조지표를 구성하는 데 많이 사용되고, 일반적인 주가 차트에서도 자주 사용된다. 여기서는 단순 이평선을 기준으로 이평선의 사용법을 설명할 것이다.

가장 일반적으로 이평선을 사용하는 이유는 주가의 단기 변동성이 크기 때문에 이동평균값을 통해서 일정한 방향성을 파악하기 위해서이다. 그러나 이평선은 차트상으로 주가 흐름을 명확하게 볼 수 있다는 용도 이외에도 다양한 다른 의미와 활용 가치가 있다. 이후에는 이런 이평선의 다양한 의미와 활용법에 대해 설명할 것이다.

이동평균선의
의미

이평선은 최근 일정 기간 주가의 평균값이다. 특정한 시점의 주가를 기업의 가치라고 말하기는 어렵지만 일정 기간 거래된 가격의 평균값은 시장에서 평가한 가치라고 볼 수 있다. 특정 일의 주가는 그 시점의 뉴스나 수급 등 일시적 사건의 영향을 받지만 일정 기간의 평균값은 그런 충격 요인들의 영향이 상쇄되기 때문에 시장에서 평가한 기업 가치라고 해석할 수 있다.

『Trading for a living』이라는 책에서 이런 현상을 주가는 사진에, 이평선은 영화에 비유해서 설명하기도 했다. 즉 주가와 이평선의 관계는 가격과 가치의 관계로 설명할 수 있다. 가격은 가치와 항상 같을 수 없지만 대체로 가치를 따라 움직인다. 따라서 주가의 흐름은 추세적으로 이평선의 방향을 따라서 움직인다고 할 수 있다.

한편 주가가 이평선 위 또는 아래에서 지속적으로 움직이는 추세 국면에서는 이평선은 중요한 분기점으로 역할을 한다. 주가가 이평선 위에서 상승하는 한 이평선은 지속적으로 상승하게 되고, 주가가 이평선 아래로 떨어지면 상승 속도가 둔화되거나 하락 반전할 수 있기 때문에 이평선 이탈 여부는 중요한 사건이 된다. 반대로 하락 추세에서는 이평선 회복이 중요한 사건이 된다. 기업의 가치가 상승하는 한 주가가 이평선을 이탈해서는 안 되기 때문에 주가가 이평선 수준까지 하락하게 되면 자연스럽게 상승하게 되고, 주가가 이평선에서 상승하지 못하고 이탈하게 되면 시장은 기업가치의 상승세가 이전과 다른 형태로 진행될 것으로 평가하는 것으로 볼 수 있다.

이평선을 구성할 때 이동평균 기간이 길수록 많은 정보가 반영되지만 이평선의 변화가 늦기 때문에 단기부터 장기까지 다양한 기간의 이평선들을 활용하게 된다. 단기 이평선은 주가의 변화에 민감하게 반응하기에 가치의 변화를 보다 빨리 알려주는 장점이 있다. 그러나 짧은 기간의 주가만을 반영하기 때문에 가치를 나타내는 신뢰성이 떨어지고, 지지 저항의 강도 역시 약하다고 볼 수 있다. 반면 장기 이평선은 상대적으로 긴 기간의 주가가 반영되어 가치를 잘 나타내기에 지지 저항력은 강하다고 볼 수 있지만 가치의 변화는 비교적 늦게 보여준다고 할 수 있다.

한편 이평선의 기울기는 가치의 변화 속도로 볼 수 있는데, 가치가 빠르게 변한다는 것은 그만큼 중요한 모멘텀이 있다는 의미로 해석할 수 있다. 일반적으로 기울기가 가파른 이평선은 그만큼 지지 저항의 힘이 강하다. 다만 급등락하는 초단기 이평선들은 이탈 시에 급격히 주가가 되돌려질 수 있으니 주의가 필요하다. 강한 모멘텀은 강한 추세를 의미하지만 그 모멘텀이 과도하게 주가에 반영되면 모멘텀이 둔화될 때에는 반작용이 크게 나올 수 있다.

지금까지는 이평선의 개념과 특성을 이론적으로 설명했는데, 재미있는 비유를 통해서 다시 쉽게 설명해보겠다. 필자의 지인 중 기술적 분석의 고수가 있는데 이 분은 이평선과 주가를 군대 조직에, 주가가 움직이는 양상을 전쟁에 비유했다. 그러면서 주가는 특공대, 단기 이평선은 소대, 중기 이평선은 중대, 중장기 이평선은 대대, 장기는 연대나 사단과 유사하고, 주가가 등락하는 모양은 이들이 전쟁을 수행하는 양상과 비슷하다고 했다.

전쟁 중에 특공대가 어떤 지역을 점령했을 때 적군이 강하면 그 자리를 지키지 못하고 대규모 부대가 위치한 지역까지 다시 밀리게 된다. 주가 흐름으로 보면 이것은 단기간에 주가가 강하게 상승했다가 다시 되밀려서 중장기 이평선에 도달하는 모습과 비슷한 경우로, 매도세가 상대적으로 강할 때 나타나는 현상이다.

반대로 적군이 강하지 않으면 특공대가 점령한 지역을 대규모 부대들이 들어올 때까지 지킬 수 있을 것이다. 이것은 주가 상승 후 횡보하면서 중장기 이평선들이 올라올 때까지 그 가격대를 유지하는 것과 비슷한 현상이다. 이런 경우 후속부대가 들어와서 그 지역을 완전히 점령하면 다시 진격하게 되는데, 주가 상승 후 횡보하는 과정에 중장기 이평선들이 상승해서 단기 이평선과 수렴하게 되면 이후에 다시 상승세가 이어지는 것과 비슷한 현상이라 할 수 있다.

이평선의 기울기는 군대의 진군 속도에 비유할 수 있다. 군대가 빠르게 진격하면 그만큼 전투력이 강한 것으로 볼 수 있지만, 너무 빠른 것은 후방을 다지지 못해 반격 시 취약할 수 있다. 이평선도 이와 유사하다. 일반적으로 기울기가 강한 이평선은 완만한 이평선에 비해 지지 저항으로 힘이 강하다고 볼 수 있지만, 지나치게 강한 기울기를 갖는 이평신은 오히려 반전 시 급하게 하락하거나 상승하는 모습을 보이기도 한다.

이동평균선의
기본적 활용

　이평선은 크게 세 가지 용도로 활용할 수 있다. 첫 번째로 시장의 방향성을 가늠하는 수단으로 활용할 수 있고, 두 번째로 지지 저항으로 활용할 수 있는데 이는 추세 국면에서 주로 활용가치가 있다. 세 번째로 이평선에서 주가가 어느 정도 이상 벌어지면 이평선에 회귀하는 성격을 가지고 있기 때문에 주가와 이평선의 벌어진 정도인 이격도를 활용하는 방법이 있다.

　오른쪽 페이지의 차트는 KOSPI 일봉으로 2020년 흐름을 15일 이평선과 함께 나타낸 것이다. 이 차트를 통해 이평선으로 방향성과 지지 저항을 판단하는 원리를 설명할 것이다.

　2020년 초에는 KOSPI가 15일 이평선을 중심으로 상승과 하락을 반복했다. 2월 중반까지는 KOSPI가 박스권으로 횡보했다. 3월 초에 2월 저점대를 이탈하고 15일 이평선이 저항으로 작용하면서 본격적으로 하락세가 시작되었고, 15일 이평선은 하락 방향으로 자리를 잡았다. 3월 말에 반등 시도가 나

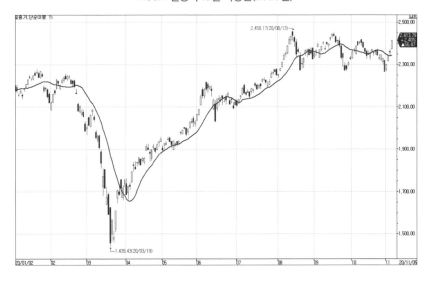

타나는 가운데 15일 이평선은 저항으로 작용했고, 돌파에 성공하면서 시장
은 상승 추세로 전환되었다.

5월 중에는 상승 탄력이 둔화되었지만 15일 이평선이 지지로 작용하면서
다시 상승 추세가 이어졌다. 6월 중에 15일 이평선을 이탈하면서 다시 추세
는 중단되었다. 6월 말까지 15일 이평선으로 중심으로 소폭의 등락을 반복
하는 횡보 국면이 진행되었지만, 7월 초에 15일 이평선을 회복하고 동 이평
선이 지지대로 작용하면서 상승 추세가 이어졌다. 이후 상승세가 이어지다
가 8월 중반에 이평선을 이탈하고 11월 초까지 이평선을 중심으로 등락하는
횡보 국면이 진행되었다.

주가가 이평선 위에 있으면서 상승할 때 이평선은 지지대로 작용하고, 반
대로 주가가 이평선 아래 있으면서 하락할 때에는 이평선이 저항으로 작용

한다. 추세로 진행되다가 이평선을 돌파하거나 이탈하면 추세는 중단될 것이다. 상승 추세에서는 이평선 이탈 후 다시 전고점을 돌파하면 상승 추세가 재개되는 것으로 볼 수 있고, 다시 이평선은 지지대로 작용한다. 하락 추세에서는 이평선 회복 후 다시 전저점을 이탈하면 하락 추세가 재개되는 것이고, 다시 이평선은 저항으로 작용한다. 이평선 이탈 또는 회복으로 추세가 중단된 후 이평선을 중심으로 등락을 거듭하면 횡보 국면이 진행되는 것으로 이해할 수 있고, 이런 횡보 국면에서는 이평선이 중요한 지지 저항으로 작용하지 않는다. 횡보 국면이 진행되다가 전고점을 돌파하거나 이평선이 지지대로 작용하면 상승 추세가 이어질 가능성이 높고, 이평선이 저항으로 작용하거나 박스권 하단선을 이탈하면 하락 추세가 시작되는 것으로 볼 수 있다.

KOSPI 일봉과 60일 이평선과 이격도(2020년)

이평선과 주가의 관계를 설명할 때 '산책하는 주인과 개의 관계'로 설명하기도 한다. 주인이 일정한 방향으로 진행하면 개는 주인을 중심으로 특정 범위 내에서 움직이지만 결국 주인에게서 어느 이상 벌어지지 못하면서 주인을 따라간다. 여기서 개가 주인에게서 떨어진 정도를 이격도라고 할 수 있다. 이격도는 주가가 이평선과 떨어진 정도를 의미하고, 수식은 다음과 같다.

이격도 = 주가 / 이평선 × 100

이격도를 계산할 때 어떤 이평선을 써야 하는지는 정하기 나름이지만 일반적으로는 60일 이평선을 이용해서 이격도를 구한다. 왼쪽 페이지 차트의 사례에서 코로나19 사태로 급락하던 3월에는 60일 이격도가 70% 수준까지 떨어져 상당한 과매도권에 도달한 후에 반등했다. 6월과 8월에 고점대를 형성할 때에도 60일 이격도는 110%위로 올라가 고점대 형성 가능성을 타진할 수 있었을 것이다.

어떤 이동평균선을
활용할 것인가?

HTS를 열어보면 여러 개의 이평선들이 그려져 있는 것을 볼 수 있다. 보통 거래일 기준 5일이 일주일, 20일이 한 달, 60일이 한 분기, 120일이 한 반기를 나타내므로 5일, 20일, 60일, 120일 이평선을 많이 사용한다.

필자는 이들 이평선들 중 120일 이평선이 장기적인 분기점으로 중요한 의미가 있다고 본다. 120일은 두 개의 분기가 들어가 있고, 그 안에는 두 번의 기업 실적발표와 GDP와 같은 분기 단위 경제지표의 발표가 두 번 들어 있다. 물론 월간 단위 지표의 발표는 여섯 번이 들어 있을 것이다. 즉 120일 이평선은 실적의 변화를 포함하는 주가의 평균값으로, 개별 주식이나 시장의 펀더멘털을 가장 잘 표현할 수 있다. 그래서인지 시장에서는 120일 이평선을 경기선이라고 부른다.

실제로 2017년부터 2018년까지 주가 흐름과 120일 이평선을 살펴보면 120일 이평선이 중요한 분기점으로 작용했음을 알 수 있다.

KOSPI 일봉과 120일 이평선(2017~2018년)

비슷한 논리로 60일 이평선도 중요하다고 생각된다. 60일 기간에는 한 번의 실적발표와 분기 단위 경제지표, 세 번의 월간 경제지표의 데이터가 들어가기 때문이다. 정확히 표현하면 60일 이평선으로 이들 데이터에 대한 시장의 반응을 종합적으로 볼 수 있기 때문이라고 할 수 있다.

60일보다 짧은 이평선은 특별한 펀더멘털적인 의미를 부여하기는 어렵다. 60일 이하의 이평선들은 실적발표나 분기 단위 경제지표가 들어갈 수도 있고, 그렇지 않을 수도 있기 때문이다. 그래서 시장에서는 20일 이평선을 심리선이라 부르는 듯하다.

필자가 이평선을 관찰하면서 얻은 결과 중 하나는 이평선을 여러 개 활용할 때, 장기 이평선의 절반 단위로 단기 이평선을 사용하면 유용하다는 것이다. 즉 120일 이평선의 절반인 60일 이평선, 그것의 절반인 30일 이평선, 다시 절반인 15일 이평선, 다시 절반인 7일 이평선을 사용하면 유용할 것이다. 왜냐하면 60일 이평선을 이탈할 때 보통 30일 이평선이 하락 전환하고, 30일 이평선을 이탈할 때 15일 이평선이 하락 전환되고, 마찬가지로 15일 이평선을 이탈할 때 7일 이평선의 방향이 아래로 바뀌기 때문이다. 이평선이 추세 국면에서 지지 저항과 방향성을 나타내는 역할을 한다고 할 때 장기와 단기 이평선 간에 두 배의 기간을 설정하면 단기는 방향성을 나타내고, 장기는 지지 저항으로 역할을 가장 잘할 수 있을 것으로 생각되기 때문이다.

아래의 차트에서는 2020년 4월 초에 30일 이평선을 돌파할 때, 15일 이평선이 상승 전환되었고, 4월 말에 60일 이평선을 돌파할 때 30일 이평선이 상승 전환되었다.

KOSPI 일봉과 15일, 30일, 60일 이평선(2020년)

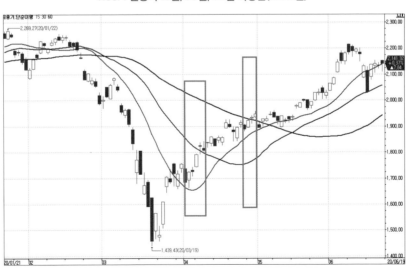

그래도 이평선의 기간을 설정하는 데 여러 가지논쟁의 여지가 있을 것이다. 어떤 경우는 15일보다 14일 또는 13일이 잘 맞을 수 있고, 60일보다는 55일 또는 50일 이평선이 유용할 수도 있을 것이다. 이 부분은 독자분들의 몫으로 남겨둔다.

다만 강조하고 싶은 부분은 7일 전후한 기간을 단기로, 15일 전후를 중단기로, 30일 전후를 중기로, 50일~60일 수준을 중장기로 설정하면 양호한 이평선 설정이 될 것이라는 점이다. 이는 필자뿐 아니라 여러 기술적 분석으로 매매를 하는 사람들이 많이 쓰는 숫자이다. 이런 이동평균 기간은 일봉뿐 아니라 주봉과 월봉, 분봉에도 유사하게 사용할 수 있다.

필자의 경험으로 일봉상 7일 이평선은 단기 추세로 유용하고, 주봉상 7주는 중기 추세로 유용하고, 월봉상 7개월 이평선은 장기 추세의 분기점으로

KOSPI 일봉과 7일, 30일 이평선(2020년)   KOSPI 주봉과 7주 이평선(2020년)

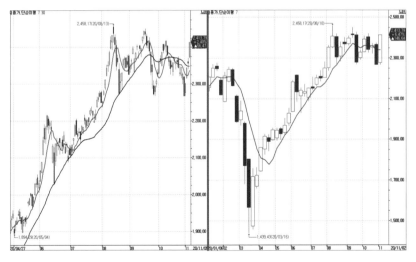

유용하다. 사실상 7주는 30일 이평선과 유사하고, 7개월은 120일 이평선과 유사한 위치에 존재한다.

앞 페이지 좌측 일봉 차트에서 볼 수 있듯이 단기 추세는 7일 이평선을 중심으로 진행되는 경향이 있고, 중기 추세는 30일 이평선이 잘 맞는 것을 볼 수 있다. 우측 주봉 차트에서 7주 이평선은 일봉상 30일 이평선과 유사한 수준에 존재한다.

아래의 KOSPI 일봉상 120일 이평선은 우측의 월봉상 7개월 이평선과 유사한 수준에 존재함을 알 수 있다. 특히 장기적으로 120일 이평선과 7월 이평선은 중요한 분기점으로 작용하는 경향이 있다.

KOSPI 일봉과 120일 이평선(2020년)　　　　KOSPI 월봉과 7월 이평선(2016~2020년)

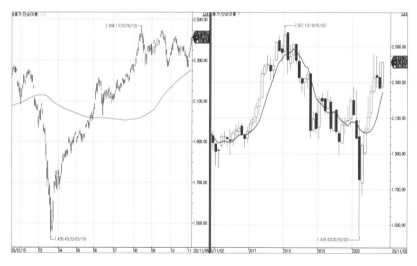

각 이동평균선의
의미와 활용법

↗ 3일 이동평균선 : 초단기 추세선으로 작용

3일 이평선은 초단기 이평선으로 오늘을 포함한 최근 3일 간 주가의 평균 값이다. 오늘 주가가 3일 이평선에 닿았다는 의미는 어제(D-1)와 그제(D-2)의 주가의 평균값에 오늘 주가가 도달했다는 의미이다.

즉 'D-0=3MA=(D-2+D-1+D-0)/3'을 풀어서 쓰면 'D-0=(D-1+D-2)/2'가 된다. 주가가 3일 이평선을 상회하고 있는 것은 최근 이틀 간의 주가의 중간값을 이탈하지 않았다는 의미이다.

엘리어트 파동이나 일목균형표나 대부분의 파동이론에서 50% 되돌림선은 중요한 지지 저항의 의미를 가지고 있다. 따라서 최근 이틀간의 주가 움직임의 50% 되돌림선이 지켜지고 있을 경우에는 주가가 3일 이평선을 이탈하지 않게 되고, 이는 주가의 단기 추세가 매우 견조하게 진행되고 있는 모습으로 해석할 수 있다.

일반적으로 주가가 3일 이평선을 이탈하지 않고 상승하고 있는 경우는 단기 추세가 매우 강할 때로, 다소 과도한 상승세가 이어지는 상황에서도 3일 이평선을 이탈하지 않았다면 추세가 더 진행될 수 있다고 해석할 수 있다. 물론 언젠가는 하락으로 전환되겠지만 3일 이평선을 상회할 경우 과매수 국면이 일반적인 경우보다 더 길게 진행되기도 한다. 반면에 과도한 단기 상승세가 진행된 경우 3일 이평선을 이탈하면 그 부담이 급격히 주가에 반영되어 하락세도 강하게 나타날 수 있을 것이다.

따라서 과매수 국면에서도 3일 이평선 위에서는 매수 관점을 유지하되, 극단적 과매수 수준에서 3일 이평선을 이탈하면 적극적인 위험관리가 필요할 것이다.

KOSPI 일봉(2020.3~6), 3일 이평선과 60일 이평선 기준 이격도

왼쪽 페이지의 차트에서 보듯 2020년 3월 중에 코로나19의 창궐과 미국과 유럽의 경제 셧다운으로 KOSPI가 급락할 때 3월 6일에서 19일까지 3일 이평선을 하회했고, 3월 20일에 3일 이평선을 회복한 후에는 3월 19일 저점을 이탈하지 않고 상승세가 이어졌다. 6월 초의 급등 국면에서도 1일부터 10일까지 3일 이평선을 상회하다가, 11일에 3일 이평선을 이탈했으며, 이틀 만에 6월 초의 상승 폭을 모두 되돌린 바 있다.

한편 3일 이평선은 박스권 등 작은 범위 내에서의 단기 추세를 나타낸 때 유용하다.

아래의 차트는 2020년 8월에서 11월 초까지 박스권 흐름을 나타낸 것인데, 9월 초와 10월 중반에는 3일 이평선 중심으로 등락하기도 했지만 8월 초반과 중반에는 3일 이평선 중심으로 상승과 하락을 반복했고, 9월 말과 10월 초에도 3일 이평선을 하회하면서 하락하다가 회복 후에는 3일 이평선 위에

KOSPI 일봉(2020.7~11), 박스권 내에서의 3일 이평선과 주가 흐름

서 상승세가 이어지는 모습을 보였다. 11월 초에도 3일 이평선 위에서 상승세가 이어지면서 박스권 상단선을 돌파했다. 이와 같이 박스권 등 짧은 단기 추세가 반복되는 흐름에서는 3일 이평선이 중요한 분기점으로 작용한다.

한편 강한 상승이나 하락 과정에서 중요한 지지 저항에 도달했을 때, 3일 이평선 회복 또는 이탈은 최소한의 확인 과정으로 볼 수 있다. 중요한 저항에 닿았다 하더라도 3일 이평선 이탈 정도는 확인하고 매도하거나, 중요한 지지에서도 3일 이평선 돌파를 보고 매수하면 지지 저항을 한번에 돌파할 때 포지션을 중도에 청산하는 위험을 피할 수 있을 것이다. 앞 페이지 차트의 사례에서도 11월 9일, 10일에 박스권 상단선에서 공방이 있었지만 3일 이평선을 이탈하지 않아 3일 이평선을 봤다면 매수 포지션을 그대로 유지할 수 있었을 것이다.

📈 7일 이동평균선 : 단기 추세를 나타내는 선

7일 이평선은 오늘은 포함한 최근 7일간 주가의 평균값으로 단기 이평선으로 부를 수 있을 것이다. 일반적으로 단기 이평선으로 5일 이평선을 사용하지만 경험적으로 지지 저항으로서의 역할은 7일 이평선이 좀 더 잘하는 것 같고, 아주 강한 단기 추세는 초단기 이평선인 3일 이평선을 사용해서 판단하면 될 것이다.

단기적으로 상승세가 이어지더라도 약간의 조정은 있게 마련이다. 3일 이평선이 사실상 조정 없이 추세가 지속되는 경우에 유용한 이평선이라면, 7일 이평선은 하루 이틀 정도 조정과 상승을 반복하면서 추세가 진행되는 단기

KOSPI 일봉(2019.1~6), 7일 이평선 중심으로 추세가 진행

추세에서 유용한 이평선이라 할 수 있다.

7일 이평선을 중심으로 추세가 진행될 때에는 그다지 빠르지 않지만 꾸준히 추세가 이어지는 모습을 보이고, 꾸준히 7일 이평선을 상회하거나 하회하다가 이탈하면 중기 조정으로 진행되거나 추세가 반전되는 모습을 보인다. 특히 중요한 지지 저항대에서 이런 모습을 보이면 이평선 이탈 시 추세 반전 가능성이 높아진다.

위의 차트는 2019년 1~6월 일봉으로 7일 이평선을 중심으로 추세가 진행된 사례를 잘 보여준다.

2019년 1월 초에 바닥 형성 후 상승 과정에서 7일 이평선을 이탈하지 않고 상승세가 이어지다가 2월 8일에 처음으로 7일 이평선을 이탈하고 단기 추세가 중단되었다. 이후에 단기 등락 과정을 거친 후 중기 상승 추세는 하

락 반전되었다.

2019년 4월 초에는 반등 국면이 진행된 가운데 7일 이평선을 이탈하지 않는 흐름을 보이다가 이전 고점대를 일시적으로 돌파한 후 4월 18일에 7일 이평선을 이탈하면서 본격 하락세로 이어졌다. 5월 급락 과정에서 지속적으로 7일 이평선을 하회하다가 6월 1일에 7일 이평선을 의미 있게 돌파하고 반등 국면이 진행되었다.

정리하면 7일 이평선은 꾸준하고 얌전한 단기 추세를 나타내는 이평선이라 할 수 있다. 그리 빠르지 않지만 큰 조정 없이 지속적으로 상승할 때 7일 이평선이 지지되면서 상승하게 되고, 그런 모습을 보인 뒤 7일 이평선을 이탈하면 조정이 길어지거나 하락 반전 가능성이 높다고 할 수 있다. 하락 추세에서는 이와 반대로 적용하면 될 것이다.

📈 15일 이동평균선 : 중기 추세선의 분기선

15일 이평선은 당일을 포함해 최근 15일간 종가의 평균을 나타낸 것이다. 15일은 7일의 약 두 배의 기간을 나타낸다. 3일 또는 7일 이평선을 이탈하지 않고 상승하는 추세는 사실상 조정 없이 꾸준히 추세가 이어지는 경우를 나타낸다. 그러나 15일 이평선은 어느 정도 등락을 거듭하면서 추세가 진행될 때 기준선으로 작용하는 이평선이다.

일반적으로 20일 이평선을 중기 이평선으로 사용하지만 필자는 이 이평선을 15일과 30일로 나누어서 보는 것이 조금 더 유용하다고 생각한다. 물론 15일 이평선보다 20일 이평선이 더 의미 있는 지지 저항으로 작용하는 경우

KOSPI 일봉(2020.3~2020.11), 15일 이평선 중심으로 중기 추세가 진행

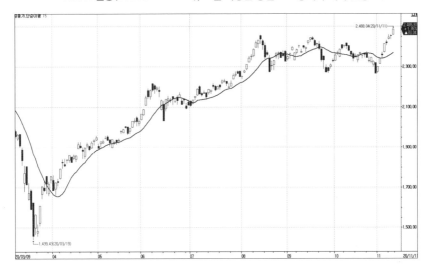

도 있다. 절대적으로 어떤 이평선이 더 잘 맞는다고 주장하는 것은 바람직하지 않다. 그래도 경험적으로 15일과 30일 이평선으로 중기 이평선을 나누어서 보면 시장을 해석하는 데 좀 더 유리하다고 판단된다.

일반적으로 15일 이평선을 중심으로 진행되는 상승 추세는 소폭의 상승과 하락을 반복하면서 안정적으로 상승하는 모습을 볼 수 있다. 보통은 장기 상승 추세 진행 과정에서 중기 상승 시에 이런 모습이 잘 나타난다.

위의 차트는 2020년 3월 말 15일 이평선을 회복한 이후의 주가 흐름을 나타내고 있다. 2020년 4월 상승 과정에서는 4월 말에 탄력이 둔화되었지만 5월 중에 종가 기준으로 한번도 15일 이평선을 하회한 적이 없었고, 결국 6월 초까지 상승세가 이어졌다. 6월 중반부터는 기간 조정으로 진행되면서 15일 이평선을 이탈했지만 7월 들어 15일 이평선이 지지되면서 8월 20일에 15일

이평선을 이탈할 때까지 중기 상승세가 지속되었다. 8월에 15일 이평선을 이탈한 후에는 박스권을 형성하면서 횡보하는 가운데 15일 이평선을 중심으로 등락하는 모습을 보였다.

내용을 정리하면 다음과 같다. 중기적으로 안정적인 추세가 진행될 때에는 15일 이평선을 중심으로 추세가 진행되고, 15일 이평선을 지속적으로 상회하다가 이탈하면 중기 이상의 조정으로 진행될 가능성을 타진할 수 있다. 다만 15일 이평선을 이탈해도 30일 이평선이 지지되는 모습을 보이면 다시 추세가 이어질 가능성이 여전히 존재한다고 볼 수 있다. 한편 상승 추세 진행 과정에서 15일 이평선에 도달하면 이를 매수 시점으로 활용할 수도 있을 것이다.

📈 30일 이동평균선 : 중기 추세의 확인선

30일 이평선은 당일을 포함해 최근 30일간 종가의 평균값으로 중기 추세의 분기선 역할을 하는 이평선이다. 상승 추세에서 주가가 30일 이평선에 도달하면 고점 대비로 상당히 조정이 진행되었을 것이다.

일반적으로 상승하는 30일 이평선에 처음 도달하면 주가는 반등 시도에 나서게 된다. 하지만 전고점을 넘지 못하거나 돌파하더라도 다시 되돌리는 모양이 나오면 중기 이상의 조정이 진행되면서 60일 이평선 또는 그 아래까지 하락할 가능성이 높다.

반면 30일 이평선에서 지지 후 바로 전고점을 돌파하거나 단기 등락 과정에서 30일 이평선이 지속적으로 지지되는 모양이 나오면 조정을 마무리하고

KOSPI 일봉(2020.4~2020.11), 15일, 30일, 60일 이평선

상승 추세가 이어질 수도 있다.

위의 차트는 2020년 4월 이후 KOSPI 반등 과정에서 15일, 30일, 60일 이평선의 흐름을 나타낸 것이다. 6월과 8월 조정 과정에서 15일 이평선을 이탈했지만 30일 이평선에서 지지에 성공했고, 15일 이평선 중심으로 등락하는 과정에서도 꾸준히 30일 이평선이 지지되면서 상승세가 이어졌다. 9월 22일에는 결국 30일 이평선을 이탈하면서 60일 이평선을 하회하는 흐름이 나타났고, 그 후 중기 조정이 진행되었다.

즉 30일 이평선은 15일 이평선의 확인선으로, 15일 이평선이 이탈되었을 때는 조정의 강도를 확인하는 지표로 사용할 수 있고, 30일 이평선이 이탈되는 모양이 나오면 한 달 이상의 중기 조정이 진행될 가능성이 높다고 볼 수 있다.

📈 60일과 120일 이동평균선 : 장기 추세의 분기선

60일 이평선은 대략 1개 분기의 평균값이고, 120일 이평선은 2개 분기의 평균값이다. 앞서 설명했듯 60일 동안에는 한 번의 실적발표가, 120일 동안에는 두 번의 실적발표가 들어가 있어 주가에 펀더멘털이 이평선에 반영되어 있다고 할 수 있다. 순수하게 차트상으로 볼 때에도 이들 이평선은 장기 추세의 분기선 역할을 하는 모습을 볼 수 있다.

아래 차트에서 보듯 KOSPI는 2016년 12월에 60일, 120일 이평선이 중첩된 가격대를 돌파하고 2017년 내내 상승세가 이어졌는데, 2017년 8월 이전에는 조정 과정에서도 60일 이평선을 이탈하지 않았다. 8월에 60일 이평선을 이탈한 후에는 9월 초에 120일 이평선 부근에서 다시 상승했고, 12월 조

KOSPI 일봉(2016.11~2018.7), 60일, 120일 이평선

정 과정에서는 120일 이평선을 일시적으로 이탈한 후에 회복했다. 2018년 2월에는 조정 과정에서 120일 이평선을 완전히 이탈했고, 이후에는 60일, 120일 이평선이 수렴된 가운데 저항으로 작용하다가 2018년 6월에는 본격적인 하락세로 전개되었다.

일반적으로 상승하는 60일, 120일 이평선은 지지대로 작용하기 때문에 처음 이들 이평선에 주가가 도달하면 반등할 가능성이 높다. 그러나 반등 후에 다시 이들 장기 이평선에 도달하면 지지력은 그 전에 비해 크게 떨어진다. 다만 장기 이평선의 방향은 쉽게 바뀌지 않기 때문에 장기 이평선을 이탈했다고 바로 추세 반전으로 보는 것은 바람직하지 않다. 추세가 반전될 때에는 점차 장기 이평선의 이탈 폭을 키우면서 장기 이평선 방향을 전환시키는 과정에서 진행되는 경우가 많다. 따라서 장기 이평선을 두 번 이상 이탈했을

KOSPI 일봉(2010.1~2012.4), 60일, 120일 이평선

때에는 이평선보다도 박스권 등의 지지 저항을 기준으로 보는 것이 바람직하다.

2010년 하반기에서 2011년 상반기까지 진행된 상승 추세에서도 비슷한 패턴이 나타났다. 앞 페이지의 차트를 보면 2010년 하반기에는 조정 중에도 60일 이평선이 지지되면서 견조한 상승세를 보였지만 2011년 3월 저점 형성 시에 120일 이평선을 이탈하는 수준까지 하락했고 이후 반등에 성공했지만 5월, 6월에 120일 이평선을 보다 큰 폭을 하회하고 결국 추세 반전으로 진행되는 모습을 보였다. 2011년의 사례에서도 결정적인 하락은 추세선이 이탈된 2011년 8월 초에 나타났다고 할 수 있고, 2011년 6월 저점대의 이탈도 중요한 기준이 되었다.

따라서 60일과 120일 이평선은 장기 추세의 분기선 역할을 하는 가운데 60일 이평선은 비교적 강한 장기 추세를 나타내는 반면, 120일 이평선은 추세 반전의 확인선으로 120일 이평선까지 이탈하면 장기 추세는 전환될 가능성이 높다고 할 수 있다.

이동평균선의
구조적 특성

↗ 이동평균선의 강도

일반적으로 이평선은 기울기가 가파를 때 지지 저항으로 강도가 강하다고 본다. 그러나 단기 이평선이 가파르게 상승하거나 하락하는 국면이 장기간 지속되는 것은 쉽지 않다. 주가가 빠르게 상승하거나 하락하면 이평선의 기울기가 가파르게 형성될 것이다. 그런 현상은 심리적 충격이 매우 강할 때 나타나기 때문에 주가에 지속적인 동력이 되기는 어렵다. 충격은 대체로 단기간에 주가에 반영되기 때문이다. 상승 시 추세가 강하면 급등 후 횡보 과정에서 중장기 이평선들이 상승해서 수렴된 후에 추가 상승할 가능성이 높고, 매수세가 강하지 않으면 급등 후 다시 급락해서 중장기 이평선의 지지력을 확인한 후에 다시 상승 시도가 이어질 것이다.

오히려 완만하게 형성된 추세가 오래 지속되는 경향이 있다. 예를 들면 어

KOSPI 일봉(2020.5~2020.8), 3일, 7일, 15일, 60일, 120일 이평선

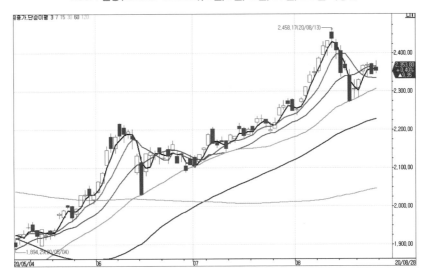

떤 이평선의 기울기와 그 이평선의 두 배 기간의 이평선이 나란히 상승할 때 지지가 강하고, 반대로 나란히 하락할 때 저항이 강하다고 할 수 있다. 15일 과 30일 이평선이 나란히 상승중이면 15일 이평선의 지지가 특히 강하고, 30일 이평선까지 이탈하면 조정이 강하게 나타나는 경우가 많다.

위의 사례에서는 30일과 60일 이평선이 나란히 상승하는 과정에서 30일 이평선이 강한 지지대로 작용하면서 상승세가 이어지는 모습을 보였고, 7월 중반 이후에는 7일, 15일, 30일 이평선이 나란히 상승하면서 7일, 15일 이평 선이 모두 강한 지지대로 형성되었다. 반면 8월 중에 지수가 급등하면서 7일, 15일 이평선과 15일, 30일 이평선의 간격이 벌어지면서 8월 중반 급락 시 7일과 15일 이평선은 지지대로 작용하지 못하는 결과를 낳았다.

KOSPI 일봉(2019.1~2019.3), 3일, 7일, 15일, 60일, 120일 이평선

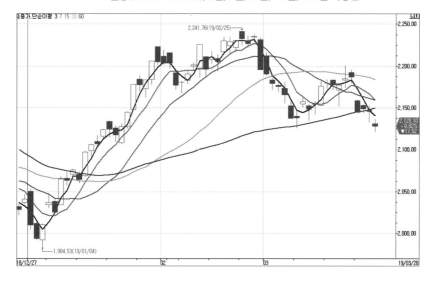

위의 사례에서는 15일, 30일 이평선이 비교적 나란하게 상승하던 2월 중반까지는 15일 이평선이 강한 지지대로 작용했지만 2월 말에 15일 이평선 기울기가 둔화되면서 30일 이평선과 간격이 좁아지면서 급락세로 진행되는 모습을 보였다. 또한 1월, 2월 상승 과정에서 30일과 60일 이평선 사이의 간격이 크게 벌어졌기 때문에 하락 시에 30일 이평선은 쉽게 이탈되고 60일 이평선까지 하락세가 이어지는 모습을 보였다.

이평선의 기울기가 나란하다고 해서 이탈되지 않는 것은 아니지만 이탈되더라도 시간을 두고 점차로 이탈되고, 두 개의 이평선 중 긴 기간의 이평선까지 이탈하게 되면 이후의 조정이 강하게 나올 수 있으므로 각별한 주의가 필요할 것이다.

📈 이동평균선을 활용한 추세 강도의 변화 판단

이평선을 통해서 추세 강도의 변화를 가늠할 수 있다. 아래의 차트에서 KOSPI는 5월 19일에 갭으로 이전 고점을 돌파하고 상승 폭을 확대한다. 그리고 5월 22일 조정 국면에서는 7일 이평선이 지지되다가 6월 들어서 3일 이평선이 지지되면서 상승세를 이어간다. 이렇게 이평선 지지대가 단기 이평선으로 옮겨갈 때 추세는 강화된다고 볼 수 있다.

비슷한 논리로 7월 24일 저점에서는 7일 이평선을 이탈하고 8월 3일 저점에서는 7일 이평선이 지지되면서 8월 초에 강한 상승세가 이어졌다. 즉 이평선의 지지대가 단기 이평선으로 옮겨가면 이후 추세가 강해지는 것으로 볼 수 있다.

KOSPI 일봉(2020.5~11), 3일, 7일, 15일, 60일, 120일 이평선

한편 추세가 약화될 때에는 이평선의 지지가 장기 이평선으로 옮겨지는 모습을 보인다. 아래의 사례에서는 8월 20일에 30일 이평선 부근에서 지지에 성공한 후 전고점을 넘지 못하고 9월 중에 조정이 진행될 때에는 60일 이평선 수준에서 지지가 형성되었다. 다시 반등 후 조정 과정에서는 120일 이평선에 근접한 수준에서 반등했다.

박스권으로 보면 박스권 하단선에서 지지에 성공한 모양으로 볼 수 있지만 조정이 진행되는 과정에서 이평선의 지지가 장기 이평선으로 옮겨가는 패턴으로 해석할 수 있을 것이다. 즉 추세가 강화될 때에는 이평선 지지가 단기 이평선으로, 약화될 때에는 장기 이평선으로 옮겨가면서 주가 흐름이 진행된다고 할 수 있을 것이다.

이평선들의 구조를 통해 얻을 수 있는 다른 중요한 아이디어는 이평선들

KOSPI 일봉(2018.2~11), 3일, 7일, 15일, 60일, 120일 이평선

이 수렴되었을 때 강한 방향이 나올 가능성이 높다는 점이다. 이평선들이 모였다는 것은 추세 국면이 아니라 횡보 국면으로 진행될 때 나타나는 모습이다. 횡보가 충분히 진행된 후에 추세가 발생하기 때문에 나타나는 현상으로 볼 수 있다.

앞 페이지의 차트에서는 장기 추세가 반전되는 과정에서 횡보를 통해 이평선들이 완전히 수렴되고, 120일 이평선이 완만하게 하락세를 형성하다가 6월 중에 급락세가 진행되었다. 7월 초부터 단기 하락세가 진정되면 이평선들의 저항이 장기로 옮겨가면서 횡보국면이 9월까지 진행되었지만 하락하는 120일 이평선의 저항을 넘지 못한 가운데 전저점을 이탈하고 하락세가 이어졌다. 이때에는 120일 이평선을 제외한 3일~60일 이평선들이 수렴된 후에 추세가 난 경우라 할 수 있다.

이와 같이 장기 이평선이 어떤 방향을 형성한 가운데 이평선들이 수렴되면 장기 이평선 방향으로 추세가 날 수 있다. 이런 이평선의 성질을 이용하면 이평선들의 구조에 대한 분석을 통해 언제 추세가 다시 시작될지 가늠할 수 있을 것이다.

📈 일봉이 아닌 분봉, 주봉, 월봉의 활용

지금까지 이평선의 적용 방법에 대해서 일봉을 중심으로 설명했다. 이러한 각 이평선들의 특징과 구조적인 성격은 일봉뿐 아니라 주봉과 월봉, 짧게는 30분, 60분봉 등에도 유사하게 적용된다.

KOSPI 주봉(2017.11~2020.11), 3주, 7주, 15주, 30주, 60주, 120주 이평선

위의 차트는 KOSPI 주봉과 이평선이다. 이 차트에서 보면 각 이평선은 중요한 분기점으로의 역할을 하는 것을 알 수 있다.

2018년 6월에는 60주 이평선을 이탈하면서 낙폭을 확대했고, 120주 이평선 부근에서 7~9월까지는 하락세가 제한되다가 120주 이평선을 이탈하면서 급락세가 진행되었다. 이어 2019년 4월에는 60주 이평선 부근에서 반등이 제한되었고, 2019년 11월에 60주 이평선을 돌파한 후에 120주 이평선까지 상승세를 이어갔다. 2020년 4월 이후 반등 과정에서는 7주 이평선을 이탈하지 않고 상승세가 이어지다가, 7주 이평선 이탈 후에는 중기 횡보 국면으로 진행되었다.

KOSPI 60분봉(2020.10.30~ 2020.12.1), 3시간, 7시간, 14시간, 28시간, 56시간 이평선

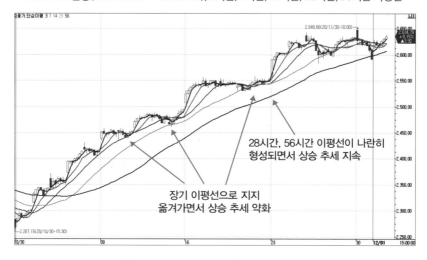

60분봉은 하루 시장이 7개의 봉으로 이루어지기 때문에 7시간 이평선을 중심으로 2배수인 14시간, 28시간, 56시간 이평선과 7시간 이평선의 절반인 3시간 이평선을 중심으로 판단하면 유용하다. 특히 60분봉은 장중 움직임이기 때문에 3시간, 7시간, 14시간 등 단기와 중기 이평선이 중요하다. 28시간 이상의 이평선들에 대한 의미는 일봉상 7일, 15일 이평선 등을 보면서 판단할 수 있다.

위의 차트는 2020년 10월 말에서 12월 초까지의 60분봉과 이평선 차트이다. 10월 말에서 12월 초반까지의 상승장에서는 28시간, 56시간 이평선들의 기울기가 나란히 형성되면서 견조한 추세가 이어졌다. 11월 초반에는 장중 조정이 나오더라도 14시간 이평선 수준에서 지지되었지만, 13일에는 28시간 이평선에서 지지되고 19일에는 28시간 이평선이 일시적으로 이탈되면서 11월 말에는 56시간 이평선까지 조정을 받았다. 견조한 상승세가 이어졌지

만 점차 상승 탄력이 둔화되는 모습이 60분봉 상의 이평선에서도 나타났다.

위의 차트에서 보듯 11월 말에 56시간 이평선을 이탈했지만 12월 초에 전고점을 돌파하면서 다시 상승 추세가 재개되었다. 12월 9일 경에는 28시간, 56시간 이평선의 간격이 벌어져 추세 지속이 어려울 수 있겠다는 생각을 할 수 있었다. 이후 점차 탄력이 둔화되면서 56시간 이평선을 이탈하는 모양이 나왔고, 12월 22일에는 전저점을 이탈했지만 결국 다시 상승하면서 신고가를 경신하고 상승 추세가 이어졌다.

60분봉에서 중요한 점은 장중 추세가 강할 때에는 3시간 이평선을 이탈하지 않고, 3시간 이평선을 이탈하더라도 7시간 이평선을 이탈하기 전까지는 장중 추세가 지속되는 경향이 있다는 사실이다. 장중 흐름이 강할 때에는 60분봉 상 단기 이평선이 특히 중요하다고 할 수 있다.

이동평균선의
실전 적용 방법

📈 박스권과 이동평균선의 활용

이평선을 신경 쓰다 보면 이평선의 지지 저항만 중요하게 여기는 경우가 있는데, 그만큼 중요한 것이 박스권의 지지 저항이다. 이평선이 위치하지 않은 가격대라도 돌파된 이전 고점이나 저점대 등의 지지 저항이 존재하면 반드시 고려해야 하고, 그것이 이평선과 맞물린다면 더욱더 중요한 지지 저항이 될 것이다.

이평선은 추세지표이기 때문에 단기로 추세가 진행 중이라도 장기 추세가 중단되었거나 중단될 가능성이 있는 시점에서는 이평선보다 박스권 상하단 선의 지지 저항이 중요할 수 있다. 그리고 이평선의 위치와 박스권 등의 지지 저항대가 약간의 폭을 두고 위치할 때에는 이평선이 아닌 박스권의 지지 저항대에서 분기점이 형성될 가능성이 높다.

KOSPI 일봉(2018.10~ 2019.5), 3일, 7일, 15일, 30일, 60일, 120일 이평선

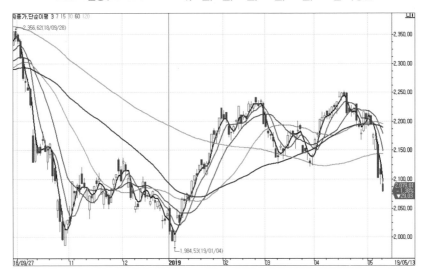

　　위의 차트에서 2018년 11월 말에는 30일 이평선을 회복하고 상승 중인 가운데 이평선 지지 저항만 고려하면 60일 이평선 수준까지 추가 상승을 기대할 수 있었다. 그러나 2018년 10월 중반에 횡보하던 가격대를 저항으로 본다면 60일 이평선 아래에서 고점이 나올 가능성을 생각할 수 있었을 것이다.

　　한편 2019년 3월 11일 조정 과정에서 60일 이평선에서 반등에 성공했지만 이 지수대는 2018년 12월 초 고점대와 맞물리는 지지대였고, 3월 말에는 60일 이평선을 하회했지만 3월 11일 저점대 부근에서 낙폭이 제한되었다. 이와 같이 박스권의 지지 저항이 명확히 보일 때에는 이평선만큼이나 그 자리를 중요한 기준으로 봐야 한다.

↗ 추세선과 이동평균선이 겹치는 경우

이평선은 추세선과 작성 방법이 다르지만 경우에 따라 추세선과 이평선이 일치하는 모습을 보일 때가 있다.

아래의 차트에서 볼 수 있듯이 2019년 1월과 3월 저점대를 연결한 추세선이 60일 이평선과 유사한 위치에 있었고, 5월 7일에 60일 이평선과 상승 추세선을 동시에 이탈하면서 주가는 급락세로 진행되었다. 한편 2019년 4월 고점과 7월 고점을 연결한 하락 추세선이 9월에 60일 이평선 부근에 위치했고, 9월 11일에는 하락 추세선과 60일 이평선을 동시에 돌파한 후 상승세가 이어지는 모습을 보였다. 한편 10월 저점에서 그은 상승 추세선은 15일 이평선과 유사한 위치에 존재하는 가운데 11월 20일에 동 추세선과 이평선을 이

KOSPI 일봉(2018.12~ 2019.12), 3일, 7일, 15일, 30일, 60일, 120일 이평선

탈하고 낙폭을 확대했다.

즉 이평선과 추세선이 동시에 지지 저항대로 작용하는 경우 지지력 또는 저항력이 강하게 나타나지만 이 가격대를 돌파하거나 이탈하면 중요한 변화가 발생하는 경향이 있어 이평선과 추세선이 겹치는 지지 저항대에서는 특히 각별한 주의가 필요하다.

📈 추세 국면에서 이동평균선의 활용

상승 추세는 고점과 저점이 높아지는 흐름을 말한다. 추세가 지속되는 과정에서는 추세선 등 지지대를 확인한 주가는 전고점을 넘어서는 상승세가 이어지게 된다. 상승 추세에서 이평선은 지지대 역할을 하고, 이평선에서 지지 후에는 전고점 돌파가 추세 지속에 대한 판단 기준이 된다.

이평선 지지 후 상승해서 전고점을 돌파한다면 기존의 상승 추세가 지속되는 것으로 볼 수 있다. 반면 이평선에서 반등해서 전고점을 넘지 못하고 다시 하락하면 기존에 지지되던 이평선 또는 그보다 두 배 긴 이동평균 기간의 이평선에서 지지를 기대할 수 있다.

예를 들면 15일 이평선에서 지지 후 반등했지만 전고점을 넘기지 못하고 하락할 경우 30일 이평선에서 지지를 기대할 수 있다. 만약 30일 이평선에서 반등했지만 전고점 돌파에 실패하면 이번에는 60일 이평선에서 지지 가능성을 타진할 수 있을 것이다. 일반적으로 30일 이평선까지 이탈하면 중기 이상의 조정 국면으로 진행될 가능성이 높아진다. 다만 이평선들의 지지가 장기 이평선으로 옮겨가는 추세 둔화 과정이 진행 중이라도 단기 상승세가 진행

KOSPI 일봉(2020.5~11), 3일, 7일, 15일, 30일, 60일, 120일 이평선

되면서 전고점을 돌파하면 다시 추세가 재개되는 것으로 볼 수 있다.

위의 차트를 예로 들면 6월 15일 급락 시에 30일 이평선의 지지력을 확인해 전고점을 돌파하지 못하면 조정 국면 진입 가능성을 타진할 수 있었는데 6월 말에도 30일 이평선이 지지되고 7월에는 이평선의 지지대가 7일 이평선으로 옮겨가면서 전고점을 넘어서 새로운 추세가 되었다.

11월에는 120일 이평선 부근까지 떨어지는 조정 국면에서 8월 고점대를 넘어서는 상승세가 이어졌다. 이 경우에는 조정 국면을 마무리하고 새로운 상승 추세로 진입했다고 판단할 수 있을 것이다. 그러나 여기서 상승이 제한되고 돌파된 이전 고점대를 다시 하회하면 여전히 조정 과정이 마감되지 않은 가운데 지속적 횡보 내지는 중장기 하락 추세로의 전환 가능성을 타진할 수 있을 것이다.

📈 횡보 국면에서 이동평균선의 활용

횡보 국면에서 이평선은 지지 저항으로 큰 의미가 없다. 횡보 과정이 진행
되면서 이평선들이 수평이 되어 박스권 중심부에 위치하면, 이평선보다 박
스권 상하단이 중요한 지지나 저항이 된다. 그러나 박스권을 형성하는 횡보
과정에서 어느 순간 박스권 중심부의 이평선이 지지 또는 저항으로 작용하
면 박스권의 흐름이 변화할 수 있다는 신호로 볼 수 있다.

아래의 차트를 보면 2019년 2월에 120일 이평선을 이탈하면서 횡보 국면
이 진행되었는데, 수렴된 이평선들을 중심으로 등락을 거듭하는 흐름이 6월
초까지 이어졌다. 이 과정에서 4월 이후로 120일 이평선이 하락 전환되었고,
5월중에는 단기 고점이 조금씩 낮아지면서 주로 120일 이평선 아래에서 지

KOSPI 일봉(2017.10~2018.6), 3일, 7일, 15일, 30일, 60일, 120일 이평선

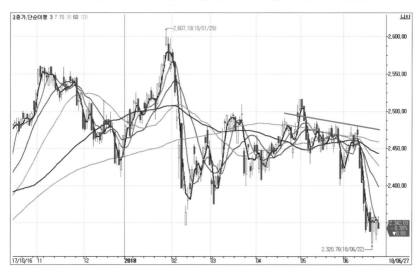

수가 등락을 반복했다. 그리고 6월 14일부터 하락세가 이어졌다.

즉 일반적으로 박스권을 형성할 때 박스권 중심부의 이평선은 중요한 지지 저항이 아니다. 하지만 박스권 흐름의 변화가 나오기 직전에는 중심부의 이평선이 지지 또는 저항의 역할을 하기 때문에 횡보 과정에서 이평선들이 점차 저항의 역할을 하게 되면 하락 추세로, 지지대로 성격이 변하게 되면 상승 추세로 진행될 가능성을 고려할 수 있을 것이다.

↗ 장기 이평선의 지지 저항을 확인하는 방법

앞서 제시한 7일, 15일, 30일, 60일, 120일 이평선 등은 추세 국면에서 지지나 저항으로 작용할 가능성이 높지만 장기 이평선들은 정확히 이평선에서 지지 저항이 나타나지 않는 경우도 자주 발생한다. 장기 이평선 위에서 지지가 나오거나 일시적 이탈 후 회복하는 모습을 보이기도 한다. 따라서 상승 추세에서 장기 이평선에 근접하면 이평선에 도달하지 않아도 매수하거나 이탈 후에도 매수할 수 있어야 한다.

이럴 때 유용한 것이 3일 이평선 또는 60분봉 상의 7시간 이평선이다. 장기 이평선에 도달했지만 이들 단기 이평선을 회복하지 않으면 매수를 보류하거나 장기 이평선에 도달하지 않아도 단기 이평선 회복을 기준으로 매수에 들어갈 수 있을 것이다. 다만 이런 단기 이평선 회복을 확인한 후에도 실패 신호가 나올 수 있기 때문에 단기 저점을 다시 이탈하면 위험관리가 필요할 수 있다는 점도 염두에 둬야 한다.

일반적으로 알려진 보조지표는 100가지가 넘는다. 대부분 기계적인 매매를 위해 개발되었고, 나름 가치가 있다고 여겨진 지표들이 전해지고 있다. 이 장에서는 추세 관련 보조지표로 MACD와 DMI를 소개한다. 이 책의 특성 상 매매 신호보다는 시장을 해석하는 수단으로 활용하는 것을 권고한다.

- 5장 -

추세 관련
보조지표의 활용법

추세지표와
스윙지표

1970년대 후반에 PC가 보급되면서 사람들은 컴퓨터를 이용해서 새로운 정보를 얻고자 했다. 여러 가지 수식을 활용해서 주가의 움직임을 조금 더 유용한 매매 신호로 만들었다. 전통적인 기술적 분석은 직관적인 해석이 필요했지만 컴퓨터를 이용한 보조지표에서는 명확하게 매수 또는 매도 신호가 나타났다.

이러한 보조지표는 크게 두 종류로 나눌 수 있다. 주가가 추세를 형성할 때 추세의 시작점에서 매수하고 추세가 마감될 때 매도 신호가 나도록 만들어진 지표를 추세지표라고 하며, 주가가 횡보할 때 바닥권에서 매수 신호를 내고 고점대에서 매도 신호가 나는 지표를 스윙지표 또는 오실레이터(Oscillator)라고 한다.

추세지표는 추세가 진행될 때에는 상승 추세가 마감될 때까지 매수 신호가 계속 유지되면서 큰 수익을 낼 수 있지만 횡보 국면에서는 매수 신호가 난 후에 매수 가격보다 낮은 가격에서 매도 신호가 나기 때문에 자칫 손실이 누적될 수 있다.

반면 스윙지표는 횡보 국면에서는 바닥에서 매수하고 고점대에서 매도 신호가 나지만 상승 추세 국면에서는 상승 추세가 진행 중일 때 매도 신호 발생 후에도 상승세가 이어지는 모습을 보인다.

추세장에서 추세지표를 쓰고, 횡보장에서 스윙지표를 쓰면 되겠지만 앞으로 전개될 시장이 추세장인지 횡보장인지는 알 수 없다. 지금까지 주가가 상승 추세를 형성했다고 해서 앞으로 이 추세가 지속될 것이라 단정할 수도 없고, 횡보장이 진행 중이라도 언제 추세가 발생할지 알 수는 없다. 그래서 보조지표를 사용하는 사람들에게 가장 어렵고도 중요한 문제는 과연 지금 어느 지표가 유용할 것인가 하는 점이다.

이런 문제를 해결하는 방식에는 단 하나의 정답이 없다. 트레이더 본인의 직관적인 판단에 따라 지표를 선택할 수 있고, 항상 추세지표 또는 스윙지표를 활용하면서 시장의 상황에 따라 매매 신호에 변화를 주는 방법도 있을 것이다.

이 부분은 예술의 영역에 들어간다고 볼 수 있지만 기본적으로 지표의 성격을 명확하게 알아야 다양한 응용이 가능하기 때문에 보조지표를 활용할 때에는 어떤 상황이 되면 어떤 지표에서 매수 또는 매도 신호가 나올 것이라는 것을 예상할 수 있을 정도로 지표에 대해서 보다 깊이 이해할 필요가 있을 것이다.

보조지표의 종류는 HTS만 열어봐도 수십 가지가 나오고, 그것의 파생형을 합하면 아마도 수백 가지가 넘을 것이다. 그러나 많은 수의 보조지표를 활용한다고 해서 반드시 성과가 좋아지는 것도 아니고, 신호를 발생시키는 논리가 비슷한 보조지표도 있기 때문에 많은 보조지표를 모두 섭렵할 필요는 없다고 생각된다.

　그래서 이 책에서는 일반적으로 가장 중요하게 활용되는 보조지표 몇 가지만 소개하도록 하겠다. 추세지표로 가장 많이 활용하는 지표로 MACD, DMI를 소개하고, 스윙지표에서는 RSI, 스토캐스틱(Stochastics)을 설명할 것이다.

MACD

📈 MACD의 구성

MACD는 1978년 제럴드 아펠(Gerald Appel)에 의해서 고안된 지표이다. MACD는 Moving Average Convergence Divergence의 약자로 이동평균선 수렴 확산지수라고 해석할 수 있다. 이 지표는 이평선의 간격을 이용해서 지표를 구성한다. 지표를 구성하는 수식은 다음과 같다.

MACD선 = 단기(12일) 지수이평선 - 중기(26일) 지수 이평선

시그널선 = MACD선의 9일 이평선

📈 MACD의 성격

MACD선은 단기에서 중기 이평선을 뺀 값이다. 제럴드 아펠이 12일을 단기, 26일을 중기로 사용했는데 이 수치는 사용자의 견해에 따라 바꿀 수 있지만 그냥 사용해도 유용한 지표라 보인다.

주가가 강하게 상승할 때에는 단기 이평선이 중기 이평선에 비해서 빠르게 상승하기 때문에 MACD가 상승할 것이고, 상승 속도가 둔화되거나 조정을 받으면 단기 이평선과 중기 이평선이 수렴하면서 MACD가 하락할 것이다. 그리고 단기 이평선이 중기 이평선 아래로 떨어지면 MACD는 0선 아래로 떨어질 것이다.

KOSPI 일봉과 12일, 26일 지수 이평선과 MACD

MACD를 이용한 매매 신호

MACD를 이용한 매매 신호는 크게 두 가지가 있다. 하나는 MACD선과 시그널선의 교차를 이용한 것이고, 다른 하나는 MACD선의 0선 돌파와 이탈을 이용한 것이다.

MACD선이 0 위에서 강하게 상승할 경우 시그널선 위에 MACD선이 위치하게 되는데, 주가 상승 속도가 완만해지면서 MACD선이 하락하면 시그널선을 하회하게 되고 매도 신호가 발생한다. 이후 주가 상승 속도가 빨라지면 MACD선이 시그널선을 상향 돌파하면서 매수 신호가 나오게 된다.

한편 주가가 강한 하락세를 형성하면서 단기 이평선이 중기 이평선을 하회하면 MACD는 0 아래에 위치하게 된다. MACD선이 0 아래에서 강하게 하락할 경우 MACD선은 시그널선 아래 존재하게 된다. 이 경우 MACD선이

KOSPI 일봉(2019.1~6), 12일, 26일 지수 이평선과 MACD, MACD와 시그널선 교차 매매 신호

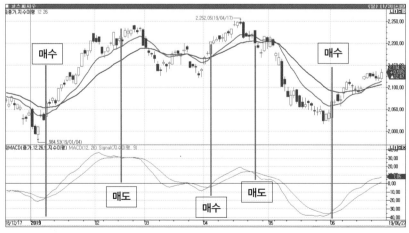

시그널선을 돌파하게 되면 매수 신호가 나오게 되고, 다시 시그널선을 하향 이탈하게 되면 매도 신호가 발생된다.

MACD선의 0선 돌파를 기준으로 발생하는 신호는 단기 이평선과 중기 이 평선의 돌파를 이용한 신호와 같다. 단기 이평선이 중기 이평선을 상향 돌 파하면 MACD는 0선을 돌파하게 되고, 하향 이탈하면 MACD선은 0선 아래 로 하락하게 된다. 이 신호는 MACD선과 시그널선 돌파에 비해 발생 시점이 늦게 나타나지만, 추세 전환 후에 신호가 발생하기 때문에 실패 신호가 나올 가능성은 상대적으로 낮다.

MACD에서 중요하게 다룰 수 있는 신호는 다이버전스이다. 다이버전스는 주가의 단기 고점이 높아지는 가운데 MACD의 단기 고점이 낮아지는 하락 다이버전스와, 주가의 단기 저점이 낮아지는 가운데 MACD의 단기 저점이 높아지는 상승 다이버전스가 있다.

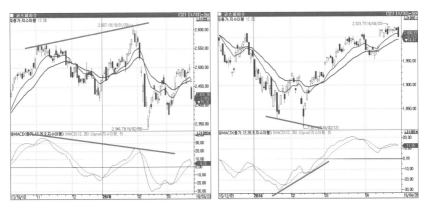

KOSPI 일봉(2017.10~2018.3)　　　　KOSPI 일봉(2015.12~2016.6)
하락 다이버전스　　　　　　　상승 다이버전스

상승 다이버전스는 주가의 상승세는 지속되지만 상승 에너지가 약화되는 경우로 이후 추세의 하락 전환 가능성이 높다는 의미이고, 하락 다이버전스는 반대로 하락세가 진행 중이지만 하락 압력이 약화되어 상승 반전 가능성이 높다는 신호이다. 특히 중기 고점이 높아지는 가운데 MACD 고점이 낮아지는 등 큰 규모의 다이버전스 신호가 나타나면 추세 반전 가능성이 더 높다고 할 수 있다.

MACD 오실레이터는 MACD선에서 시그널선을 뺀 값을 나타낸 것이다. 단기와 중기 이평선의 교차보다 빠르게 신호를 만들기 위해서 두 이평선의 간격을 MACD선으로 나타낸 것처럼 MACD선과 시그널선의 교차를 빠르게 나타내기 위해서 MACD 오실레이터를 사용할 수 있다.

KOSPI 일봉(2020.6~9), MACD와 MACD 오실레이터

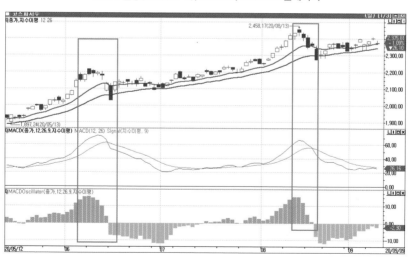

MACD선이 시그널선을 하향 이탈하면 MACD오실레이터는 0선 아래로 떨어지고, 반대로 MACD선이 시그널선을 상향 돌파하면 MACD오실레이터는 0선 위로 올라서게 된다. MACD 오실레이터가 고점을 형성하고 하락하게 되면 MACD선과 시그널선의 간격이 점차로 좁아지는 것으로 전망할 수 있다. 이는 주가가 추세를 형성할 때 보다 일찍 탄력 둔화 시점을 잡기 위한 것인데, 신호의 발생 속도가 빠른 만큼 실패 신호로 귀결될 가능성도 높다고 할 수 있다.

왼쪽 페이지의 차트에서 표시된 2020년 6월의 사례를 보면 MACD선이 시그널선을 이탈한 날이 최저점이었다. 당시에 이 신호를 기준으로 매매를 했다면 최저점에 매도를 해서 손실을 피할 수 없었을 것이다. 이런 경우 MACD 오실레이터의 하락 전환을 기준으로 매도를 했다면 손실이 발생하는 것은 피할 수 있었을 것이다.

DMI

DMI의 구성

DMI는 Directional Movement System의 약자로 '방향성 시스템'이라고 번역한다. 1970년대에 월레스 윌더 주니어(Welles Wilder, Jr)가 개발한 이 지표는 매수와 매도세력의 강도를 측정해 어느 세력이 우위인지를 보여주고, 추세가 강하게 형성될 때에는 발생한 추세를 온전히 수익으로 연결시킬 수 있는 신호를 제공한다.

이 지표를 구성하는 데 있어 가장 중요한 특징은 종가뿐 아니라 장중 고가와 저가를 모두 활용해 시장 에너지의 흐름을 측정한다는 점이다. DMI지표는 다음의 순서를 따라 구성한다.

1. +DM(Positive Directional Movement) = MAX(금일의 고가 - 전일의 고가, 0)

2. -DM(Negative Directional Movement) = MAX(전일의 저가 - 금일의 저가, 0)

3. +DM과 -DM 중 큰 값은 원래의 값을 유지하고 작은 값은 0으로 간주

4. TR(True Range) = MAX(금일 고가 - 금일 저가, 금일 고가 - 전일 종가, 전일 종가- 금일 저가)

5. +DI(Positive Directional Index) = +DM의 지수이평선 / TR의 지수이평선

6. -DI(Negative Directional Index) = -DM의 지수이평선 / TR의 지수이평선

7. DX(Directional Movement) = 100× | +DI - -DI | / (+DI + -DI)

8. ADX = DX의 이동평균값

4번, 5번, 8번 수식에서 지수 이평값을 구하는데 이동평균 기간을 월레스는 14일로 사용했고, 대부분 HTS에서는 14일을 기본값으로 제공한다. 이 기간을 최적화시켜 다른 값으로 사용할 수 있지만 14일을 그대로 사용해도 나쁘지 않을 것이다.

📈 DMI의 성격

DMI에서 +DI가 -DI 위에 존재하면 매수세가 우위에 있다고 볼 수 있고, -DI가 +DI가 위에 있다면 매도세가 우위라고 할 수 있다. ADX는 매수와 매도 강도를 나타낸다.

+DI가 -DI 위에 존재하면서 ADX가 상승하면 매수세가 지속적으로 강해지고 있다는 의미이고, ADX가 하락하면 매수세가 우위에 있지만 점차 약

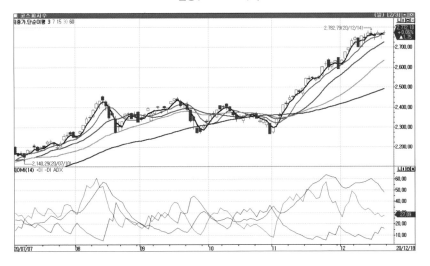

화되고 있다는 의미로 해석할 수 있다. 반대로 −DI가 +DI 위에 존재하면서 ADX가 상승하면 매도세가 지속적으로 강해지고 있다는 의미이고, ADX가 하락하면 매도세가 우위에 있지만 점차 약화되고 있다는 의미로 해석할 수 있다.

위의 차트에서 8월 중반까지는 +DI가 −DI를 상회하면서 매수세가 강한 모습을 보였고, 11월 초까지는 +DI와 −DI가 서로 교차하면서 추세가 중단 되는 모습을 보였다. 11월 초에는 다시 +DI가 −DI를 돌파하고 상승 폭을 확 대하면서 ADX도 상승해 매수세가 강화되는 모습을 보였다. 11월 말부터는 ADX가 하락 반전하고 +DI의 상승 탄력이 둔화되어 매수세가 약화될 수 있 다는 신호를 보였다. 그러나 당시를 기준으로 보면 여전히 +DI가 −DI를 상 회해 매수세가 우위인 모양이라고 할 수 있다.

📈 DMI를 이용한 매매 신호

DMI는 구체적인 매매 신호로 활용하기보다는 +DI와 -DI 그리고 ADX의 위치를 통해 시장의 강도를 파악하고 매매의 방향을 결정하는 데 도움을 받을 수 있다. +DI가 -DI를 돌파하는 것을 매수 신호로 활용할 수 있지만 단순히 DI지표의 교차를 이용할 경우 실패 신호가 자주 발생하게 된다.

ADX가 +DI나 -DI 아래 존재하는 가운데 +DI와 -DI가 반복적으로 교차하는 모습을 보이면 시장이 횡보하는 과정으로 볼 수 있고, 이런 기간이 길어지면 강한 추세가 나올 가능성이 높아진다고 할 수 있다.

따라서 이런 모양이 나올 때 추세 방향으로 진입을 기다리고 ADX가 상승 반전하거나 중요한 지지나 저항대를 돌파할 때 추세 방향으로 매매하면 큰

KOSPI 일봉(2018.3~8)과 DMI

수익을 거둘 수 있을 것이다.

앞 페이지의 일봉 차트에서는 2018년 5월 내내 ADX가 +DI와 -DI를 하회하다가 ADX가 상승 반전하고 -DI가 상승하면서 본격적인 하락국면으로 진행되었다. 이럴 때 만약 인버스 ETF를 매수했다면 큰 수익을 거둘 수 있었을 것이다.

이 장에서는 횡보 시에 유용한 스윙 관련 보조지표로 RSI와 스토
캐스틱을 소개한다. 시장에서 가장 유명한 지표로, 시스템 트레
이딩에 많이 사용되는 지표이다. 다만 이 지표들이 잘 맞는 국면
과 그렇지 않은 국면에서 성과 차이가 좀 나는 편이다. 여기서는
시장의 흐름을 해석하는 수단으로 활용하기를 권한다.

- 6장 -

스윙 관련
보조지표의 활용법

RSI

📈 RSI의 구성

RSI는 Relative Strength Index의 약자로 '상대강도 지수'로 번역할 수 있다. 이 지표는 웰레스 윌더 주니어(Welles Wilder Jr)가 개발했는데, 일정 기간 동안 일간 상승 폭과 하락 폭의 합에 대한 상승 폭의 비율을 퍼센트로 나타낸 것이다.

14일 RSI를 쓴다고 가정할 때, KOSPI에서 과거 14일 중 상승한 날이 10일이고, 상승한 날의 상승 폭을 모두 더하면 70pt라고 하자. 그러면 하락한 날이 4일일 것이고, 하락한 날의 하락 폭의 합계가 30pt라고 하면, RSI값은 '70/(70+30)×100'을 해서 70이 된다.

RSI에서 측정하는 것은 상대적인 주가 수준이 아니라 최근 14일간의 전체 움직임 대비 상승 움직임의 비율이라고 할 수 있다.

RSI 지표는 RSI선과 시그널선으로 구성되는데, 시그널선은 일반적으로 RSI의 9일 이평선을 활용해서 구한다.

$$RSI = \frac{(n일간\ 상승\ 폭\ 합계)}{(n일간\ 상승\ 폭\ 합계 + n일간\ 하락\ 폭\ 합계)} \times 100$$

📈 RSI의 성격

RSI는 0부터 100 사이에서 움직인다. 14일을 기준으로 보면 14일 내내 하락했다면 0이고, 14일 내내 매일 올랐다면 100이 된다. 일반적으로 30 아래를 과매도, 70 위를 과매수의 기준이라고 할 수 있지만 상승 추세에서는 40, 80으로, 하락 추세에서는 60, 20으로 변화를 줄 수도 있다.

시장이 일정한 수준의 등락을 거듭하면서 움직일 때에는 과매수와 과매도의 기준이 잘 맞는다. 하지만 지속적으로 상승하는 상승장이나 반대로 지속적으로 하락하는 하락장에서는 과매도나 과매수 국면에 계속 머물 수 있기 때문에 추세장에서는 적절하지 않을 수 있다.

다만 상승 추세가 강할 때에는 50 아래로 내려갔다가 올라올 때를 매수 신호로, 강한 하락 추세에서는 50 위로 올라갔다가 내려올 때를 매도 신호로 활용해 보완할 수는 있을 것이다.

📈 RSI를 이용한 매매 신호

1) 다이버전스와 RSI 수준의 활용

RSI는 기본적으로 과매수권에서 중립권으로 진입하면 매도 신호로, 과매도권에서 중립권으로 진입하면 매수 신호로 본다. 다만 추세가 강할 때에는 과매수권에서 중립권으로 들어와도 다시 상승하면서 과매수권으로 올라갈 수 있다. 따라서 RSI가 과매수권에서 중립권으로 떨어졌다고 해도 7일 이평선 등의 단기 이평선을 이탈하지 않으면 매도 신호로 볼 수 없을 것이다.

2019년 2월에는 RSI가 과매수권에서 중립권으로 회귀하고, 7일 이평선까지 이탈했지만 15일 이평선에서 다시 반등해서 전고점을 넘어선 후에 약세로 진행되었다. 이 과정에서 RSI도 다시 중립권에서 과매수권에 도달한

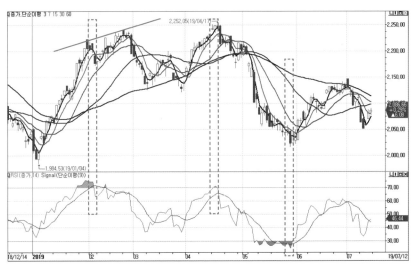

KOSPI(2018.12~2019.7) RSI의 수준과 다이버전스의 활용

후 하락했는데, 주가는 이전 고점보다 높은 수준에서 단기 고점이 형성되고, RSI는 전고점보다 낮은 수준에서 고점이 형성되었다. 이것을 하락 다이버전스라 부른다.

반대로 하락 추세가 진행될 때 RSI의 단기 저점이 높아지는 가운데 주가의 단기 저점이 낮아지는 것을 상승 다이버전스라고 부르고, 이를 상승 전환의 예비 신호로 사용한다. 다른 보조지표에서도 다이버전스는 중요하지만, 특히 RSI에서는 다이버전스를 중요한 추세 반전의 예비 신호로 볼 수 있다.

2) RSI와 추세선

주가 분석에서 추세선을 활용했듯이 RSI에서도 추세선을 활용하면 매매에 중요한 단서가 될 수 있다. RSI가 등락을 거듭하면서 추세를 형성하는 경

KOSPI(2019.12~2020.5), RSI의 추세선

우가 많지는 않지만, 왼쪽 페이지의 차트에서 보듯 2020년 1분기 중에 RSI 는 일종의 하락 추세를 형성하는 가운데 KOSPI는 급락세를 이어갔다. RSI 기준으로 하락 추세선을 돌파한 것은 2020년 3월 말인데, 이후에 KOSPI는 꾸준히 상승세가 이어졌다.

2019년 9월에 RSI의 하락 추세선을 돌파한 후에 KOSPI는 강한 상승세를 이어갔다. 10월 중에는 등락을 거듭하면서 상승세가 이어졌고, RSI 기준으로 는 8월에 저점을 형성하고 11월 중반에 RSI의 상승 추세선을 이탈했다. 이후 에는 장기 상승 추세가 이어졌지만, 아래 차트에서 보듯 사실상 2020년 3월 급락 이전에 고점대를 형성하는 과정이었다. 이와 같이 RSI의 상승 또는 하 락 추세선의 돌파 또는 이탈은 주가 흐름의 변화를 나타내는 중요한 단서가 될 수 있다.

KOSPI(2019.4~2020.2), RSI의 추세선

스토캐스틱

↗ 스토캐스틱의 구성

스토캐스틱(Stochastic)은 조지 레인(George Lane)에 의해 대중화된 오실레이터 지표이다. 스토캐스틱은 과거 일정 기간 동안 움직인 폭에서 현재 주가 수준이 어느 위치에 있는지 보여주는 지표이다.

스토캐스틱은 주로 단기 스윙매매를 할 때 사용한다. 스토캐스틱은 단기적으로 등락을 거듭하는 모양이 나올 때에는 좋은 매매 신호를 제공하지만, 한쪽 방향으로 추세가 지속되는 흐름이 나타나면 이 지표의 유용성은 상대적으로 떨어진다.

스토캐스틱은 빠른 스토캐스틱(Fast Stochastic)과 느린 스토캐스틱(Slow Stochastic)이 존재하고, 지표를 구성하는 변수는 세 개이다. 일반적으로 많이 사용하는 스토캐스틱은 느린 스토캐스틱이다.

스토캐스틱 지표의 구성은 다음과 같다.

1. 빠른 스토캐스틱의 %K를 구해야 한다. 여기서 최고 최저가를 구하는 기간(n)을 정해야 하는데, 단기로 5일을 사용하기도 하지만 필자는 12일 정도를 사용하는 것이 적당하다고 본다.

$$\%K = \frac{(\text{오늘 종가} - \text{최근 n일간의 저가})}{(\text{최근 n일간의 고가} - \text{최근 n일간의 저가})} \times 100$$

2. 빠른 스토캐스틱의 %K를 구하면 빠른 스토캐스틱의 %D를 구해야 한다. %D는 %K를 평활화해서 구하는데 일반적으로 3일을 기준으로 평활화하고, 수식은 아래와 같다. 이렇게 구한 수치는 사실상 %K의 3일 단순 이평값과 크게 다르지 않게 된다.

$$\%D = \frac{(\text{오늘 종가} - \text{최근 n일간의 저가})\text{의 3일 총합}}{(\text{최근 n일간의 고가} - \text{최근 n일간의 저가})\text{의 3일 총합}} \times 100$$

3. 느린 스토캐스틱의 %K는 빠른 스토캐스틱의 %D와 같고, 느린 스토캐스틱의 %K에 대해서 3일 이평선을 활용해서 느린 스토캐스틱의 %D를 구한다.

✓ 스토캐스틱의 성격

스토캐스틱은 0부터 100 사이에서 움직이는 지표이다. 12일 기준으로 스토캐스틱을 구성했을 때 12일간 최고가로 마감했다면 100이 될 것이고, 과거 12일간 최저가로 마감되었다면 0이 될 것이다. 이 지표는 RSI와 비슷한 성격을 갖지만 RSI에 비하면 조금 더 민감하게 움직이는 성향이 있다. 따라서 과매수와 과매도의 기준도 각각 80과 20으로 RSI에 비해 극단치에 가까운 수준으로 설정된다.

이 지표도 스윙지표이기 때문에 단기적으로 등락을 반복하는 주가 흐름에서는 유용하다. 하지만 추세를 형성할 때에는 지속적으로 과매도 내지는 과매수 국면이 지속되는 경향이 있다.

✓ 스토캐스틱을 이용한 매매 신호

1) 과매수 또는 과매도권에서 중립권으로 진입

오른쪽 페이지의 차트는 스토캐스틱이 가장 유용하게 적용될 수 있는 상황을 예로 든 것이다. 횡보를 하면서 박스권을 형성할 때 과매도권에서 %K가 %D를 상향 돌파한 후에 %K가 중립권으로 진입하면 매수 신호가 되고, 반대로 과매수권에서 %K가 %D를 하향 이탈한 후에 중립권으로 진입하면 매도 신호가 발생한다.

그런데 9월 11일에는 %K가 %D를 이탈한 후에 중립권에 진입했지만 다시 상승하면서 과매수권으로 올라가는 모습을 보였다. 이런 모습을 실패 신

호라고 할 수 있고, 스토캐스틱에서 이런 모습은 자주 나타난다.

이런 실패를 피하기 위해서는 가능한 추세 방향의 신호를 활용하는 것이 유리하다. 위의 차트를 보면 2020년 8~11월은 장기 상승 국면이 진행 중인 상황이기 때문에 가능한 매수 신호를 중심으로 활용하는 것이 좋고, 매도 신호를 활용하더라도 최소한 7일 이평선 정도는 이탈을 확인하고 진입하는 것이 바람직할 것이다.

위의 사례에서도 2020년 8월과 9월, 11월에 스토캐스틱에서 매수 신호가 발생한 후에는 강하게 상승세가 진행되었다. 반면에 9월에는 매도 실패 신호가 한 차례 나왔고, 10월에는 매도 신호 발생 후 하락했지만 60일 이평선 수준에서 지지 시도가 나오는 등 쉽게 낙폭을 확대하지 못하는 모습을 보였다.

2) 50에 위치한 중심선 활용

스토캐스틱은 스윙지표이기 때문에 상승 추세가 강하게 진행 중일 때에는 50을 하회하지 않거나 과매수권에 지속적으로 머물기도 하고, 하락 추세가 강할 때에는 50을 넘지 못하거나 장기간 과매도권을 벗어나지 못하기도 한다.

아래의 차트를 보면 2020년 3월 급락 후 KOSPI는 꾸준히 상승세를 이어 갔는데, 6월 조정 당시에도 이평선 기준으로는 30일 이평선 수준에서 지지가 있었고, 당시 스토캐스틱은 50 부근에서 낙폭이 제한된 후에 상승 전환되었다. 7월 초에도 30일 이평선이 지지된 가운데 스토캐스틱의 %K가 50부근에서 %D를 상향 돌파했다. 즉 상승 추세가 강하고, 중요한 이평선이나 추세선의 지지대에 도달했으면 스토캐스틱의 %K가 과매도권에 도달하지 않더라도 %D 돌파를 매수 신호로 활용할 수 있을 것이다.

KOSPI 일봉(2020.3~8)과 스토캐스틱

3) 다이버전스의 활용

다른 보조지표와 마찬가지로 다이버전스는 스토캐스틱에서도 중요한 매매 신호로 작용한다. 주가의 고점이 높아지는 가운데 스토캐스틱의 고점이 낮아지면 하락 다이버전스이고, 반대로 주가의 저점이 낮아지는 가운데 스토캐스틱의 저점이 높아지면 상승 다이버전스이다. 아래의 사례에서 볼 수 있듯이 2019년 2월에 하락 다이버전스가 나오고 3월에 하락을 했고, 3월 하락 과정에서 상승 다이버전스가 나오고 4월 중에 상승한 바 있다.

다만 스토캐스틱이 다소 민감한 지표이고, 주로 단기 매매 수단으로 활용된다는 점을 감안해야 한다. 즉 큰 추세의 반전보다는 작은 추세의 변화를 포착하기 위해서 다이버전스를 활용하는 것이 조금 더 유용할 것이다.

KOSPI 일봉(2018.12~2019.5)과 스토캐스틱

3부

지수형 ETF 실전 매매, 이렇게 하면 된다

이 부분은 다른 주식 서적과 가장 차별화되는 부분일 것이다. 필자의 경험을 바탕으로 실전 매매에 성공하기 위한 심리적 원칙과 실전 매매원칙을 다뤘고, 필자의 매매일지도 공개했다. 매매를 하다 보면 인생의 '희노애락'을 느끼게 되는데, 돈을 벌려면 매매를 하면서 그런 '희노애락'에서 어느 정도 벗어날 수 있어야 한다. 이것이 심리적 훈련의 목적이 될 것이다.

이 장에서는 실전 매매를 하는 데 있어 유리한 위치를 점할 수 있는 심리적 원칙들을 설명했다. 아울러 필자가 매매를 하면서 만든 반성문이라고 봐도 될 것이다. 필자가 돈을 잃을 때 주로 이 장에서 권고한 내용과 반대로 했던 기억이 난다. 논리성은 다소 떨어질 수 있지만 고통 속에서 얻은 교훈이라는 점을 생각하면서 읽어주기 바란다.

- 1장 -

이기는 매매를 위한
심리적인 원칙

기술적 분석으로
돈을 벌 수 있을까?

지금까지 서술한 기술적 분석에 대한 중요한 내용을 완전히 숙지했다면 돈 버는 능력의 20% 정도는 확보한 셈이다. 이처럼 기술적 분석이 매매를 하는 데 있어서 중요한 수단이고, 그에 대한 학습은 실전 매매에서 큰 힘을 발휘하지만 그것만으로 돈을 벌 수는 없다.

지식으로서 기술적 분석을 습득하는 것은 그리 어려운 일이 아니다. 책 몇 권 정도를 반복해서 읽으면 대부분의 내용을 숙지할 수 있다. 그 정도 노력으로 돈을 벌 수 있다면 세상에 돈 없는 사람이 어디 있겠는가?

돈을 버는 데 있어 기술적 분석보다 중요한 것은 그 수단을 활용하는 사람의 능력이다. 아무리 좋은 칼을 가지고 있더라도 무사의 힘과 기술과 담력 등이 총체적으로 발휘되지 않는다면 적과 싸워 이길 수 없을 것이다.

적과 싸워 이기는 것이 돈을 버는 것이라면 기술적 분석에 대한 능력을 키우는 것이 칼을 가는 것이라 할 수 있고, 무사가 훈련하는 것은 기술적 분석을 활용하는 심리적인 영역에서의 훈련으로 볼 수 있다. 좋은 칼을 가지고 있으면 유리하지만 적과 싸워 이기기 위해서는 칼을 사용하는 무사의 능력이 결정적인 역할을 할 것이다.

그런데 이 심리적 훈련이란 게 매우 어렵다. 심리는 눈에 보이지 않는 것이라 누가 지도해주기도 어렵고, 본인도 자신의 심리 상태에 대해서 정확히 알지 못하는 경우가 많다. 또한 성인이 된 상황에서 이미 형성된 심리적인 틀은 쉽게 변하지 않기 때문에 스스로 단련하고자 해도 원하는 방향으로 변화시키기가 쉽지 않다. 그래서 주식시장에서는 '주식을 잘하는 능력은 배우는 것이 아니라 타고나는 것'이라는 말이 있을 정도이다.

지금부터는 매매하는 데 있어서 필요한 심리적 측면에서 중요한 것들에 대해서 설명할 것이다. 필자가 스스로 느낀 것들과, 주변의 고수들에게 들은 것들과, 책으로 공부한 내용 중 수익을 내기 위해 중요한 것들을 몇 가지 정리했다.

이런 것들을 완벽히 실행하는 것은 불가능에 가깝고, 필자도 이런 부분에 있어서는 남보다 특별히 우월하다고 자신할 수 없다. 다만 스스로 돌이켜볼 때 조금이라도 이전에 비해서 개선시킬 수 있다면 매매 실력이 향상되는 것으로 연결될 수 있을 것이다.

손실 관리가
우선이다

　필자가 레버리지 ETF 매매를 하면서 가장 크게 느낀 점은 '손실을 보지 말아야 한다'는 것이다. 손실이 발생했을 때 수익을 내서 손실을 만회하면 된다고 생각할 수 있겠지만 수익으로 만회하는 것은 쉽지 않은 일이다.

　극단적인 사례일 수 있지만 1천만원을 투자해서 50%의 손실이 발생했다고 가정하면, 원금을 회복하기 위해서는 500만원으로 100%의 수익을 달성해야 본전이 된다. 누적 수익률은 +50%이지만 계좌에는 원금만 남아 있을 것이다. 일단 손실이 확대되기 시작하면 복구하는 것은 그만큼 힘들어지기 때문에 손실을 내지 않는 것을 1차 목표로 해야 할 것이다.

　그러나 ETF 거래를 하면서 손실을 보지 않을 수는 없다. 언제든지 포지션과 반대 방향으로 주가가 움직일 가능성이 존재하기 때문이다. 결국 '적절한 손절을 통해서 손실을 관리해야 한다'는 결론에 이르게 된다. 손절이 중요하다는 것은 시장의 상식이라고 할 수 있지만 손절을 잘하는 것은 생각처럼 쉽지 않다. 그 이유는 다음과 같다.

첫째, 손절 시점이 되면 이미 손실이 커져 있어서 결단을 내리기 쉽지 않다. 만약 매수 단가 대비 10%의 손실이 발생했다면 이 가격대에서 매도하는 것은 쉽지 않을 것이다. 경우에 따라서 몇 번의 손절이 연속으로 나올 수 있는데, 10%의 손절이 몇 번 쌓이면 30~40% 정도의 손실률을 기록해서 이후에 수익이 나더라도 손절로 발생한 손실을 회복하기 매우 어렵게 된다.

따라서 손절 폭은 가능한 2% 이내로 매우 타이트하게 잡아야 한다. 일반적으로 레버리지 ETF의 흐름을 보면 하루에도 5% 이상 등락하는 경우가 있는데, 어떻게 2% 안쪽으로 손절 폭을 잡을 수 있을지 의문이 들 것이다.

기술적 분석은 이 부분에서 큰 영향력을 발휘한다. 박스권과 추세선 이평선 등의 지지를 잘 찾으면 매수 가격대에서 조금만 이탈해도 추가 하락 가능성이 높아지는 가격대를 찾을 수 있을 것이다. 따라서 손절을 잘하기 위해서는 먼저 매수 시점을 잘 잡아야 한다. 불리한 가격에서 매수하면 손절 시점이 되었을 때 이미 감당하기 어려운 손실이 발행하게 되어 손절 자체가 더욱 어려워진다.

두 번째 어려움은 손절 후 다시 상승하는 경우에 느끼는 낭패감이다. 예를 들면 13,000원이 중요한 지지대라는 판단으로 매수한 후 12,800원을 이탈해서 손절했는데, 다시 상승해서 14,000원에 도달하는 경우를 자주 찾아볼 수 있다. 기술적 분석 실력이 부족해서 13,000원을 지지대로 착각한 경우도 있겠지만, 실제로 중요한 지지대라고 판단할 수 있는 가격대였다 하더라도 이런 현상이 종종 나타난다.

매도 후 상승할 경우 대응 방법은 크게 두 가지 정도를 들 수 있다. 첫 번째 방법은 그냥 두는 것이다. 재매수 기회를 놓쳤다 할지라도 어느 정도 상승 후에 다시 하락해서 지지를 재차 확인하는 과정이 진행될 수도 있고, 이 대로 상승 폭이 확대되더라도 중요한 저항을 돌파할 때 매수하거나 저항에 도달하면 인버스를 사서 수익을 확보할 기회를 잡을 수 있다. 당장 수익의 기회를 놓친 것 같지만 기회는 항상 있기 때문에 크게 낙담할 필요는 없을 것이다. 또한 손절 폭을 제대로 지켰으면 2% 안팎의 손실을 봤을 것이기 때문에 손익에 큰 부담도 없을 것이다.

두 번째 방법은 손절 후 상승하는 과정에서 3시간 또는 7시간 이평선 등 단기 저항대를 돌파하면 추격해서 매수하되, 이전의 저점을 손절 라인으로 잡는 것이다. 이런 경우는 손절 후 상승세로 이어질 때 수익 발생 기회를 놓치지 않는다는 장점이 있지만, 만약 다시 전저점을 이탈하고 낙폭을 확대하면 손절 폭이 커지게 되는 단점이 있다. 단기적으로 상승세가 이어질 경우 상승 가능 폭이 커 보이거나 이전 저점대의 지지력이 강하다고 판단되면 이런 전략도 사용할 수 있지만 커진 손절 폭이 어느 정도 감내할 만한 수준이어야 할 것이다.

상승할 것으로 보이는
시점이 매수 시점은 아니다

　법륜스님의 강연 중에 이런 말씀이 있었다. "인생은 단기로 보면 우연이고 장기로 보면 필연이다." 여러 격언들에서 "인생은 ○○○이다"라는 말에 인생 대신 주식 또는 투자라는 말을 넣으면 그럴 듯한 경우가 자주 발견된다. 위의 언명을 "주가는 단기로 보면 우연이고, 장기로 보면 필연이다"라고 바꿔보면 주가의 흐름을 참 잘 표현한 말이라는 생각이 든다.

　주가가 강한 상승 추세로 진행될 때에는 중기 이평선을 이탈하지 않으며 상승세를 이어가고, 박스권으로 진행될 때에는 박스 상하단을 중심으로 등락한다. 지나고 보면 당시 형성된 패턴대로 움직인 것으로 보이지만 당시 상황에서 보면 지금까지 형성된 흐름이 계속될 수도 있고, 지금이 흐름이 변하는 시점인지는 알 수가 없다. 지금 단기 이평선을 중심으로 상승 추세가 강하게 형성되었다고 하더라도 언제 그 추세가 중단될지 모르고, 박스권 하단선의 지지대에 도달했다고 하더라도 지지될 확률이 높을 뿐 언제 박스권 하단선을 이탈할지 알 수 없는 것이다.

　오랜 기간 기술적 분석을 해온 필자도 지금 상승하는 모양이라는 판단이 들었을 때 하락하는 경우를 자주 겪게 된다. 특히 단기적인 흐름을 볼 때에는 더 그런 현상을 자주 겪는다. 지금 장중 바닥을 확인하고 상승세가 진행될 것으로 보이는 경우, 그 시점이 어느 정도 바닥권이라 하더라도 다시 한 차례 전저점에 도달한 후 상승하거나 전저점을 상당히 이탈한 후에 상승하는 경우도 빈번하게 발생한다.

　지난 주가 흐름을 보면 기술적인 관점에서 봤을 때 상당히 질서 정연한 주가 흐름이 전개될 것으로 보이지만, 주가가 형성되는 그 시점에는 사실상 전망이 어렵다고 할 수 있다. 그러면 '언제 매수해야 하느냐' 하는 의문이 들 것이다. 상승이 예상되는 시점이 아니라면 언제가 될 것인가? 앞서 손실 관리가 중요하다는 설명에서 힌트를 얻은 분들도 있을 것이다. 매수 시점은 상승이 예상되는 시점이 아니라 리스크 관리가 가능한 시점이다.

　지금 지지대에 도달했다면 매수하고 지지대를 이탈하면 바로 손절할 수 있는 가격대에 도달한 시점이 매수 시점이다. 이런 가격대에서 매수한 후 지지에 성공하면 최바닥에서 매수하는 결과가 나올 것이고, 지지대를 이탈하면 손실이 최소화되는 가운데 매도할 수 있을 것이다.

　반면 주가가 상승할 것으로 예상되는 시점이 이미 지지대를 확인하고 상승하는 시점이고, 이런 가격대에서 매수할 경우 다시 하락해서 지지대를 이탈하면 손절 폭이 커져서 손실 관리가 쉽지 않다. 또한 경험적으로 상승 가능성이 높아 보이는 모양을 보일 때 바로 상승세가 이어질 확률도 높지 않아 상승을 예상하고 매수하는 매매는 보통 좋지 않은 결과로 이어지는 경향이 있다.

리스크를 안는 것이
안전하다

앞에서 중요한 지지에 닿았을 때가 매수 시점이라고 설명했지만, 실제 주가가 이평선 등 지지대에 닿은 시점은 주가가 단기적으로 하락하는 과정이고 추가로 하락할 가능성이 높아 보이는 상황인 경우가 많다. 주가가 어느 정도 하락해서 박스권 하단선에 오면 하락한 이유가 있을 것이고, 단기간에 주가가 하락하는 모습을 봤기 때문에 추가 하락 가능성이 높아 보여 레버리지를 매수하기 두려운 경우가 많다. 같은 이유로 박스권 상단선의 저항에 도달했을 때 인버스 매수도 어려울 수 있다.

그러나 박스권 하단선에서는 반등 가능성이 높고, 반등에 성공하면 박스권 하단선에 도달할 때가 최저점에서 매수할 수 있는 시점이 될 것이다. 만약 박스권 하단선에서 추가로 하락해도 지지대에서 매수했기 때문에 이탈 시 바로 손절 가능하므로 손실 폭도 제한적이게 된다. 결국 지지대에 도달했을 때가 이익을 극대화하고 손실을 최소화할 수 있는 시점인데, 그런 가격대에서는 오히려 매수하는 것이 위험한 상황으로 보인다.

필자가 우연한 기회에 젊은 시절 특수부대에서 활약할 기회가 많았고 많은 실전 경험을 해봤다는 분을 만난 적이 있었다. 자원해서 그런 일을 하셨다기에 위험하지 않았냐는 질문을 드렸더니 "실전에서는 소극적이면 더 위험하다"고 답변하셨다. 적극적으로 싸우면 오히려 위험하지 않아서 생존에 성공할 수 있었다고 하셨다. 이순신 장군의 "죽기로 싸우면 살 것이고, 살고자 하면 죽을 것이다"라는 말은 실전에서 매우 유용한 격언이라고 하셨다.

ETF매매에 있어서도 중요한 지지대에 닿은 시점은 얼핏 보면 상당히 위험해 보이는 경우가 많다. 이런 경우에 느끼는 위험을 적극적으로 받아 안으면 오히려 안전한 매매를 할 수 있다. 그리고 이러한 지지대에서 매수한 후 추가로 하락하더라도 손절 폭이 작기 때문에 이탈을 확인하고 매도해도 손실은 제한될 것이다.

만약 바닥을 확인하고 어느 정도 상승한 후에 매수하면 상승세가 이어질 때에는 괜찮지만 다시 하락해서 전저점을 이탈하면 꽤 큰 폭의 손절을 감수해야 한다. 따라서 바닥을 확인하지 않고 매수하는 것이 오히려 손실 폭을 제한하고 수익을 극대화하는 방법이 될 수 있을 것이다.

'나는 루저'라는
마음을 가져야 한다

　필자는 신입사원 시절에 『Trading for a living』이라는 책을 번역했다. 당시에는 시장 경험이 일천했던 시점이라 책의 내용 중 명확하게 이해되지 않는 부분이 더러 있었다. 그 중에서도 미국에서도 가장 유능하다는 트레이더가 자신의 책상에 '당신은 루저(loser, 실패자)다'라고 써붙여 놨다는 말을 듣고 잘 이해가 되지 않았다. 왜 세계적인 트레이더가 스스로를 루저라고 지칭했을까?

　필자의 매매는 초창기부터 지금까지 중요한 싸이클을 가지고 있다. 필자는 재야의 고수로 불리는 정경재 소장님으로부터 기술적 분석과 매매에 대한 것을 배웠기 때문에 위에서 언급한 매매 시점에 대한 내용은 초보자일 때부터 머리로는 알고 있었다.

　처음에 매매를 하면 정확한 지지 저항을 찾아서 매매를 하고 손절도 철저히 하다 보니 한동안은 수익이 발생한다. 그러다가 어느 순간 자신이 승자

(Winner)라고 생각되면, 이 책의 앞에서 하면 안된다고 언급한 행동들을 하게 된다. 지지대가 아님에도 불구하고 상승을 예상하고 매수하거나 하락을 예상하고 매도하는 매매를 하게 되고, 손절도 철저하게 하지 않는다. 결국 확보한 수익을 다 잃고 손실이 어느 정도 커지면 그때서야 정신을 차리게 된다. 그렇게 스스로의 행동을 반성하고 다시 초심으로 돌아가서 매매를 하다 보면 수익이 발생하고 그 수익이 커지면 또 위너라는 착각을 하면서 손실이 발생하고…. 이런 과정의 반복이었다.

지금 생각해도 신기한 것은 돈을 벌었다고 누군가에게 자랑하면 정확히 그 시점부터 손실이 발생하게 되는 것이다. 마치 누군가가 나를 내려다보고 있는 것 같은 생각이 들 정도였다.

아직도 이 싸이클을 벗어나지는 못한 것 같고, 아마 필자의 실력이 더 늘어도 여기서 완전히 자유로울 수는 없을 것 같다. 매매를 잘하게 된다는 것은 이런 자만의 싸이클이 왔을 때 입는 피해의 규모가 얼마나 작아지고, 그 슬럼프를 탈출하기까지 걸리는 시간이 얼마나 짧아졌는지에 달려 있을 것이다.

지금 생각해보면 『Trading for a living』에 나오는 유능한 트레이더라는 사람도 이 싸이클에서 완전히 자유롭지 못했던 것 같다. 아마도 그 사람은 매매에서 이기는 경우가 많았을 것이고 자만에 빠질 가능성이 높은 상황이었기에 스스로 루저라는 생각을 하도록 항상 노력했을 것이라고 생각된다. 만약 이 자만의 싸이클에 빠지지 않는다면 계좌 잔고가 꾸준히 상승하는 우상향 구조를 만들 수 있기에 스스로를 루저라고 생각하는 것은 큰 경쟁력이 될 것이다.

이 슬럼프에 빠지지 않기 위해서는 자기 자신에 대해서 바로 알고 있어야 한다. 자의적인 매매를 반복하다가 손실이 커지고 스스로 반성하다 보면 '그때 내가 너무 오만했구나'라고 생각할 수 있지만, 오만하던 그 당시에는 그런 생각을 하지 못하는 경우가 많다.

따라서 트레이더는 자신의 상태에 대해서 면밀하게 관찰하고 있어야 한다. 수익에 들떠 오만해져 있는지, 손실에 당황에 우왕좌왕하는지, 지나치게 의기소침해 리스크를 극도로 회피하고 있는지 알고 있어야 한다. 만약 이런 상황에 해당된다면 시장에서 한 발 떨어져 있는 것이 좋을 것이다. 그리고 자기자신의 모습이 잘 보이고, 심리적으로 안정되어 있다면 다시 매매를 시작하는 것이 바람직하다.

물론 이건 매우 어려운 일이다. 누구든지 인간으로서의 한계가 있기 때문이다. 이런 한계를 조금이라도 극복한다면 다른 사람과 차별화된 경쟁력을 가질 수 있을 것이다.

신중과 소심,
과감과 무모의 차이를 깨닫자

신중한 매매와 소심한 매매는 어떻게 다를까? 그리고 과감한 매매와 무모한 매매는 어떻게 다를까?

신중한 매매는 매매 시점을 깊이 생각하고 판단한 후에 매매하는 것을 말하고, 소심한 매매는 매매해야 할 시점에 두려움 때문에 매매를 주저하는 것을 의미한다. 이와 같이 사전적인 정의는 쉽지만 어떤 상황에서 트레이더가 소극적으로 매매할 때 이것이 신중한 매매인가, 소심한 매매인가를 객관적으로 판단하기는 어렵다. 그러나 트레이더 본인은 어느 정도 알 수 있고, 시간이 지나면 비교적 분명하게 드러나게 된다.

한편 과감한 매매는 매매를 해야할 시점에 적극적으로 하는 것을 의미하고, 무모한 매매는 하지 말아야 할 시점에 적극적으로 매매하는 것을 의미한다. 대개 무모한 매매는 연속된 수익으로 자만심에 빠져 있거나 손실이 쌓이는 과정에서, 분노와 흥분 상태에서 매매할 때 나타나게 된다.

매매를 해본 사람이라면 신중하게 매매했을 때와 소심하게 매매했을 때의 느낌과 그 결과에 대한 기억을 가지고 있을 것이다. 또한 과감한 매매와 무모한 매매에 대한 기억도 있을 것이다. 경험적으로 신중하거나 과감한 매매의 결과는 양호했을 것이고, 소심하거나 무모한 매매에서는 좋지 않은 결과를 거뒀을 것이다.

그렇다면 매매하는 시점에 지금 트레이더 본인이 소심하거나 흥분되거나 분노에 차 있다면 매매를 하지 않고, 신중하거나 과감한 매매를 할 수 있는 상황이라면 적극적으로 매매하는 것이 좋을 것이다. 문제는 매매를 하는 당시에는 자신의 상태가 어떤 상태인지 알기가 어렵고, 설사 매매를 하지 않는 것이 좋은 상황이라 하더라도 스스로를 제어하는 것 자체가 매우 어려운 경우가 많다는 데 있다. 이런 문제 역시 인간으로서 피할 수 없는 한계라서 완전한 극복은 어려울 것이다. 다만 이런 문제에 대해서 일반적인 다른 사람보다 조금 더 잘 대처할 수 있다면 그것만으로도 손실을 줄이는 데 크게 기여할 수 있을 것이다.

결국은 매매에 임할 때 자기 자신에 대한 이해가 중요하다는 말을 다시 하게 된다. 이전에도 언급한 적이 있지만 결국 답은 자기 자신에게 있다. 본인이 안정된 상태라면 수익을 거두기 쉬울 것이고, 손실이나 수익으로 흥분된 상태라면 손실을 확대할 가능성이 높을 것이다. 따라서 트레이더는 시장을 이해하고 분석하려는 노력 못지않게 자기 자신의 상태를 알고자 지속적으로 노력해야 한다.

생각을 비우는
훈련을 해야 한다

주식투자를 하게 되면 어떤 관점을 갖게 마련이다. 어떤 이슈로 인해서 시장이 조정을 받을 것이라거나 어떤 패러다임에 의해서 시장이 상승 추세를 이어갈 것이라는 일종의 믿음을 갖게 된다. 믿음의 방향과 주가가 같이 가면 좋겠지만, 어느 순간 주가의 흐름이 예상과 달라지기 시작하면 투자자들은 혼란에 빠지게 된다. 특히 시장에 대한 분석력을 어느 정도 갖춘 투자자들은 시장이 자신의 생각과 다르게 움직일 때 '시장이 비이성적'이라는 표현을 쓰기도 한다.

예를 들면 지난 2020년 3월 말부터 코로나19로 인해서 경제지표들이 본격적으로 악화되기 시작했는데, KOSPI는 3월 중반 이후부터 8월 중반까지 큰 조정 없이 상승세를 이어갔다. 미국 경제지표들은 정부 부양책에 힘입어 대개 4월, 5월에 저점을 확인하고 연말까지 견조한 상승세를 나타냈다. 4월, 5월 지표가 발표되던 6월에 KOSPI는 이미 2000pt를 회복했고, 4월, 5월 지표들이 최악으로 나오는 상황에서 대부분 전략가들은 3분기 약세를 전망했지만 8~10월까지 기간조정을 제외하면 KOSPI는 연말까지 상승세를 이어갔다. 개인 투자자들이 급락 이후 연말까지 꾸준히 곱버스를 사들인 것도 이와 비슷한 맥락으로 해석할 수 있을 것이다.

시장은 사후적으로 보면 매우 논리적으로 움직인 것을 알 수 있다. 2020년 연말이 되어서는 2020년 상승에 대해서 언택트 시대로의 전환 등 주가 상승에 대한 재해석이 이뤄졌다. 그러나 시장이 진행되는 과정에서는 시장의 성격을 정확히 알기 어렵다. 따라서 시장을 맞추기보다는 잘 따라가서 수익을 확보하는 것이 조금 더 유리한 방법일 것이다.

물론 아무런 생각 없이 시장을 바라보는 것은 바람직하지 않다. 하지만 매매를 하는 시점에서는 가능한 자기 생각을 배제하고 지표에 따른 매매 기준을 중심으로 포지션에 진입하고 청산할 수 있어야 꾸준히 수익을 낼 수 있을 것이다.

일반적으로 주식시장에서는 많은 정보를 습득하고 가공해서 시장을 잘 맞추고 그 대가로 돈을 버는 것으로 알려져 있다. 그래서 많은 투자자들이 기업과 경제에 대해서 열공하고 있지만 매매를 하는 데 있어서는 오히려 머리를 비우는 훈련이 더 필요하다. 어떤 관점을 강하게 가지고 있으면 그와 반대로 시장이 움직일 때에는 따라가기 쉽지 않기 때문이다.

주식을 매수해서 돈을 버는 것은 내가 잘한다고 되는 일이 아니다. 내가 주식을 샀을 때 남이 내가 산 가격보다 비싸게 주식을 사줘야 주가가 올라가는 것이고, 수익이 발생하는 것이다. 물론 내가 주식을 산 후에 '남들이 내가 산 가격보다 비싸게 주식을 살 것이다'라고 예측을 했다면 그 예측의 대가로 돈을 벌었다고 할 수 있지만, 이런 예측을 항상 맞힐 수는 없는 것이다.

그러나 손실을 제한하는 것은 나의 능력이다. 매수한 후에 생각대로 움직이지 않을 때 포지션을 정리하거나 반대 방향으로 포지션을 구축하면 손실을 줄일 수 있다. 별로 대단한 능력 같지 않지만 생각과 다르게 시장이 움직였을 때 빠르게 대처하는 능력은 일반인이 갖추기 어려운 기술이다. 따라서 자신의 생각을 만드는 능력 못지않게 생각을 버리는 능력을 기르기 위한 훈련이 필요하다.

매매는
관리의 미학이다

흔히 주식투자를 도박에 비유하기도 한다. '도박하듯 주식투자 하지 말라'는 말은 시장에서 흔히 회자되는 표현이다. 그러면 도박하듯이 하지 않는 투자는 어떤 투자일까? 그것도 대답이 쉽지 않을 것이다.

도박에는 일단 부정적 뉘앙스가 있다. 도박을 하는 사람들의 결과가 대부분 좋지 않고, 과정도 윤리적으로 바람직하지 않은 경우가 많기 때문이다. 먼저 도박이 뭔지를 알아보기 위해 필자 나름대로 일반적으로 알려진 도박의 성격을 다음과 같이 정리해봤다.

1. 작은 돈으로 큰 수익을 거두고자 한다.
2. 큰 돈을 벌 수 있을 것이라는 기대감을 갖게 한다.
3. 수익을 낼 때 큰 쾌감을 맛보게 된다.
4. 통제할 수 없는 확률에 따라 손익이 결정된다.

5. 생산적인 수익이 아니라 도박판에 있는 상대방의 돈을 빼앗아오는 것이다.

6. 결과적으로 대부분 잃게 된다.

7. 중독성이 있어서 시작하면 손을 떼기 어렵다.

8. 정신적으로 황폐해진다.

인정하고 싶지 않지만 정리해놓고 보니 주식투자자들 중 도박과 비슷하게 주식을 하는 사람들이 있을 법하다는 생각이 든다. 위에서 나오는 도박의 여러 가지 특성은 기본적으로 승률을 참여자의 의지대로 관리하지 못하는 데서 나온다. 도박에서는 승률을 관리할 수 없기 때문에 기대감을 갖게 되고, 대박의 꿈을 꾸게 되고, 꿈이 있기 때문에 떠나지 못하는 것이고, 결과적으로 꿈을 이루지 못했기 때문에 정신이 피폐해지는 것이다.

손익을 관리할 수 있다면 일반적으로 다른 사업을 하는 것과 주식을 매매하는 것이 본질적으로 다르지 않을 것이다. 이해하기 쉽게 커피숍을 운영하는 것과 주식을 매매하는 것을 비교해보자.

커피숍을 운영하는 사람은 손님이 오기 전에 청소를 하고 재료를 사서 커피를 내릴 준비를 하고 있을 것이다. 주식을 거래하는 사람은 장이 열리기 전에 지지 저항을 찾아놓고 주가 움직임에 따라 어떻게 대응할지 전략을 세우고 있을 것이다.

커피숍 사장은 손님이 오면 커피를 내려주고, 자리를 안내하고, 손님이 떠난 자리를 청소하는 등 일상적인 업무를 할 것이다. 주식 거래자는 시장이 열려서 지지대에 오면 사고, 이탈하면 손절하고, 다음 지지내에 도달하면 매수하는 등 일상적인 매매에 임하게 될 것이다.

커피숍을 운영하면 손님이 많은 날도 있고, 적은 날도 있을 것이다. 때로는 그날의 매출이 비용보다 적은 날도 있을 것이다. 그래도 평균적으로는 매출이 비용보다 크게 나와야 커피숍을 운영할 수 있을 것이다. 만약 지속적으로 적자가 발생한다면 커피가 맛이 없거나 위치가 좋지 않거나 사장이 불친절하거나 하는 등의 구조적인 문제가 있을 것이다. 이 경우 문제를 해결하거나 커피숍을 접거나 하는 해결책을 찾아야 할 것이다.

주식 매매도 때로는 수익은 내지 못하고 손절만 하는 날이 있을 수 있지만 지지 저항을 잘 찾았다면 수익이 나는 날이 많을 것이다. 만약 평균적으로 손실이 발생한다면 손실이 누적되는 이유를 찾아서 매매 구조를 바꾸거나, 원칙을 지키지 않은 결과라면 원칙을 잘 지킬 수 있도록 노력하는 자세가 필요할 것이다.

현실적으로 지지 저항을 찾아서 매매하다 보면 도박을 하는 것과 같은 느낌이 들기보다는 일반적인 사업을 하는 것과 유사한 경험을 하게 될 것이다. 결국 매매는 이와 같은 사업 상의 관리와 유사하다. 어떤 꿈을 좇는 과정이 아니라 상품이나 서비스를 만들어서 사고파는 과정을 관리하는 것과 같이 포지션을 유지하는 과정이 되어야 한다.

좋은 재화를 만들어 많은 수익을 거두는 것이 사업을 성공하는 길인 것처럼 좋은 매매 구조를 만들고 손익을 잘 관리해서 수익을 극대화하는 것이 매매에 성공하는 길이다. 이것은 '꿈'이 아닌 '관리'를 통해서 이룰 수 있을 것이다.

번 돈의
절반만 가져간다

앞서 필자는 주식 매매는 도박이 아니라 관리라는 개념으로 접근해야 한다고 말했지만 불확실성을 완전히 제거할 수는 없다. 때문에 도박적인 요인도 완전히 제거할 수는 없다고 본다. 필자는 2006년에 개봉한 〈타짜〉라는 영화를 재미있게 봤고, 매매를 하면서 그 영화에 나오는 대사 중 몇 개를 계속 곱씹게 되었다.

요즘은 이 영화의 등장 인물 중 '곽철용 회장'의 '묻고 더블로 가'라는 대사가 인기가 많은 듯하다. 필자가 이 영화에서 가장 좋아하는 대사는 주연인 조승우 씨가 한 대사로 '난 번 돈의 반만 가져간다'라는 것이다. 영화에서 주인공인 고니는 항상 이기고 나면 번 돈의 반만 가져갔다. 마지막에 아귀와의 싸움에서 이기고도 번 돈의 반만 가져가고, 나머지는 불태워버린다.

매매를 하면서 경험한 점은 실제로 수익이 발생하면 결과적으로 계좌에 남는 돈은 최대 평가 이익의 절반 정도가 되었다는 것이다. 예를 들면 코스피 레버리지를 2만원에 사서 최대 23,000원까지 상승했다면 주당 최대 3천원의 평가이익이 발생한 것이지만 결국 매도를 하게 되면 1,500원 정도만 수익으로 챙기게 되었다. 〈타짜〉의 고니는 본인의 의도로 번 돈의 절반만 가져갔지만 매매를 하게 되면 본인의 의도와 무관하게 번 돈의 반 정도만 수익으로 남게 되는 듯하다.

처음에는 실력이 없어서 이런 결과가 나오는 것이라 생각했지만, 단기 이평선 등의 이탈을 확인하고 매도하게 되면 결국 평가 수익 최대치 대비로 절반 정도만 실현 수익으로 남게 되는 것이 당연하다는 것을 알게 되었다. 최고가에서 매도하거나 평가 수익 최대치 수준까지 다시 상승했을 때 매도할 생각으로 접근하면 오히려 수익이 더 줄어든 상태에서 매도하게 되는 경우가 많았다.

〈타짜〉에서 '번 돈의 절반만 가져간다'는 대사에는 여러 가지 의미가 들어 있겠지만 주식 매매에서는 실제 평가 수익 최대치의 절반 정도가 실현 수익이 된다고 생각하면 될 듯하다.

이 장에서는 앞서 2부에서 설명한 기술적 분석의 이론을 어떻게 매매에 적용하는지 구체적인 방법론을 기술했다. 기본적인 차트의 세팅 방법과 휩소에 대처하는 법, 지표들 간에 신호가 엇갈릴 때 대응하는 방법 등 실전에서 활용할 수 있는 원칙들을 제시했다. 다만 독자분들이 실전 매매를 할 때에는 이보다는 좀 더 구체적인 자신만의 기준이 필요할 것이다.

- 2장 -

이기는 매매를 위한
실전 매매의 원칙

주봉과 일봉, 60분봉을
중심으로 세팅하자

차트는 기본적으로 주봉 일봉과 60분봉을 중심으로 해석하고 주봉, 일봉 이평선은 3, 7, 15, 30, 60 이평선을 활용한다. 60분봉은 하루 7개의 60분봉이 형성되어 그것의 배수로 해서 3시간, 7시간, 14시간, 28시간, 56시간 이평선을 사용한다. 추세선과 이전 고점이나 저점 등도 지지나 저항으로 활용한다. 자세한 활용법은 2부에서 설명한 내용은 참고하면 될 것이다.

60분보다 짧은 분봉은 항상 보지는 않는다. 장중 흐름에 변화가 나타날 때에는 30분이나 15분봉을 보기도 하지만 60분봉 이하의 봉을 보면 시야가 너무 좁아지므로 주의가 필요하다.

60분봉에서 가장 중요한 이평선은 7시간 이평선이다. 일반적으로 일봉상 3일 이평선을 중심으로 추세가 형성될 때 매수 관점을 유지하지만, 급등 국면에서 3일 이평선 이탈 확인 시에는 고점 대비로 상승 폭을 상당히 줄이고 매도하게 된다.

KODEX 레버리지 주봉, 일봉, 60분봉과 이평선

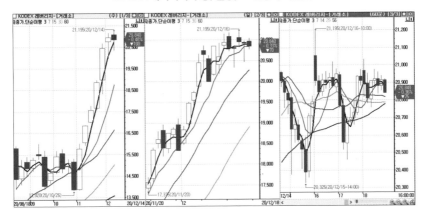

　　이때 7시간 이평선을 기준으로 보면 조금 더 빠른 이익 실현이 가능하다.
물론 빠른 이익실현 만큼 실패 신호가 나올 가능성이 높아지겠지만, 빠른 추
세 중단 신호를 원한다면 7시간 이평선을 기준으로 삼을 수 있을 것이다.

지지에서 매수하고,
지지대 이탈 시 매도한다

지지에서 사고 저항에서 파는 것이 매매의 기본 원칙이다. 다만 지지에서 산다고 해서 반드시 반등하란 법은 없다. 필자의 경험으로는 다음 페이지의 그림에서 표시한 세 가지 사례 중 하나로 대응이 가능하다.

첫 번째 사례는 비교적 간단하다. 1차 지지에서 매수해서 바로 상승하는 경우이다. 이런 경우는 1차 지지에서 매수하고, 1차 지지에서 형성된 단기 저점대가 이탈하기 전까지 포지션을 유지하면 된다.

두 번째 사례는 1차 지지에서 매수한 후 반등하는 듯하다가 다시 1차 지지대를 이탈하는 경우이다. 이때에는 1차 지지에 도달했을 때 1차 매수에 들어가서 1차 지지대를 이탈하면 손절하고, 다시 반등해서 1차 지지대를 회복하면 다시 매수한다. 이 경우에는 두 번째 저점, 즉 2차 지지대를 다음 손절선으로 설정한다. 두 번째 매수한 후에는 2차 지지대가 이탈하기 전까지 매수 관점을 유지하면 된다.

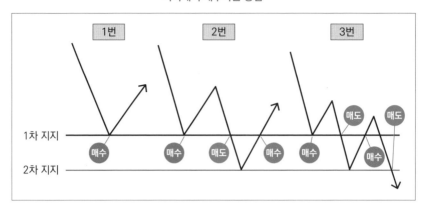

세 번째 사례는 상당히 피곤한 경우이다. 1차 지지에서 매수하고 반등했지만 1차 지지대를 이탈해서 매도하고, 다시 1차 지지대를 회복해서 매수하고, 2차 지지대를 이탈해서 손절하는 경우이다. 이럴 때에는 2회 연속 손절이 발생해서 피해가 커질 수 있고 이런 경우는 더러 나타난다. 여기서 두 번째 손절 후 다시 상승하기도 하지만 경험적으로 이런 모양이 나오면 강한 반등이 나오기보다는 횡보가 길어지거나 하락하는 경우가 많기 때문에 지켜보면서 다른 지지대에 도달하거나 박스권 하단선의 지지가 명확해 보일 때 다시 진입하는 것이 바람직하다.

저항에서 매도하고,
저항 돌파 시 매수한다

    저항에서 매도하는 방법은 크게 세 가지 정도가 될 것이다. 다음 페이지의 그림에서 보듯 첫 번째는 저항에서 매도하고 추세가 반전되는 것이다. 가장 바람직한 경우지만 이렇게 나타나지 않은 경우도 많이 있다. 2번 사례는 저항에서 상승이 제한되지만 결국 돌파하는 경우이다. 이때에는 1차 저항을 돌파할 경우 매수하고, 그 당시에 중요한 단기 지지대를 찾아서 그 지지대가 이탈하지 않는 한 매수 포지션을 유지하면 될 것이다.

    3번 사례는 2번 사례에서 매수한 후에 1차 지지대를 이탈한 경우이다. 이때에는 일단 매도 후에 관망하는 자세가 필요하다. 3번 사례에서 두 번째 매도를 한 후에 다시 상승할 가능성도 존재한다. 그러나 그런 경우는 추가로 매수하기보다는 지지 저항대가 조금 더 명확해지기를 기다리거나 조금 더 상승하거나 하락한 후에 매매 시점을 찾아보는 것이 바람직하다.

    여기서 주의할 점은 지지 저항에서 주가 움직임이 그림으로 표시한 것과

저항에서 매도하는 방법

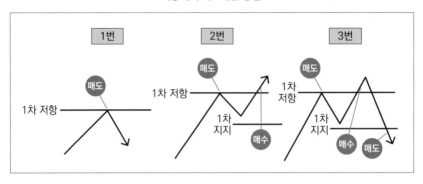

같이 도식적으로 움직이지는 않는다는 것이다. 그리고 지지 저항에서의 움직임을 판단하기 위해서는 어느 정도의 정성적인 감각도 필요하다. 정확하게 지지 저항대에서 매매하기보다는 그 수준에서 주가가 강하게 움직이다가 움직임이 어느 정도 정체되면 지지나 저항에 도달한 것으로 보고 대응하는 것이 손절 횟수를 줄이는 데 도움이 될 것이다.

추세 방향의 이평선에서 매수한다

가장 중요한 기준은 추세 방향의 이평선에서 매수한다는 것이다. 다음 페이지의 차트는 KODEX 150레버리지 일봉이다. 1~3번 박스는 15일 이평선에 닿아서 매수 기회가 있었던 시점을 나타낸 것이다.

1번 박스로 표시한 4월 21일에는 장중에 '김정은 사망설'이 유포되면서 낙폭을 확대했다가 사실이 아닌 것으로 드러나면서 반등했다. 필자는 이날 바닥권에서 매수했는데, 김정은 사망설이 나온 상황에서(당시는 그것이 사실로 받아들여졌다) 장중 하락 과정에서 15일 이평선에 더 이상 하락하지 않는 것으로 보고 매수에 들어갔다.

물론 필자는 김정은 사망 여부에 대한 정보가 없었고, 실제로 김정은이 사망했다면 당일에 추가로 하락했겠지만 그렇다면 15일 이평선 이탈을 기준으로 손절할 수 있었을 것이다.

2번 박스는 5월 1일의 경우로 장중에 15일 이평선에서 정확히 지지되면

KODEX 코스닥150 레버리지 일봉

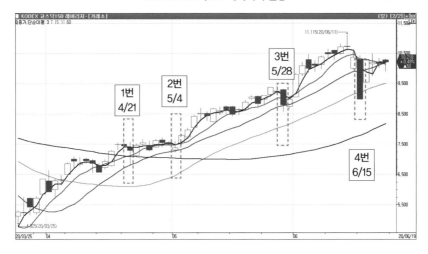

서 매수가 어렵지 않았을 것이다. 특히 이날 저점은 4월 24일 저점 수준과
유사해 매수하기 좋은 자리였다.

3번 박스인 5월 28일에는 장중에 15일 이평선을 이탈했다가 종가에 회복
했는데, 장중 흐름으로는 15일 이평선을 이탈한 것으로 보였을 수도 있다.
그래도 8,500원 수준에 5월 중반에 횡보하던 가격대의 지지대가 존재하고,
상승하는 이평선은 일시적으로 이탈 후 회복할 수 있다는 성질을 고려하면
매수 시점으로 활용할 수 있었을 것이다.

다음날인 5월 29일에는 개장 초에 15일 이평선을 하회했지만 이럴 때에
는 전일 장중 저점이 지지대로서의 기준으로 볼 수 있기 때문에 개장 초에
하락했더라도 매수 포지션을 유지할 수 있었을 것이다.

4번 박스는 6월 15일로 그날은 장중에 빠르게 하락해서 대응이 어려웠을

234

것이다. 이평선에서 매수했다면 두 번의 손절이 있었을 것이고, 그 후의 대응
도 쉽지 않았을 것이다.

다만 당시는 15일, 30일, 60일 이평선이 나란히 상승하는 과정이었다. 어
떤 불규칙한 흐름이 나타나더라도 상승 추세가 쉽게 꺾이지 않을 상황이라
는 점은 어렵지 않게 알 수 있을 것이다. 따라서 이럴 때에는 가능한 매수 관
점으로 접근해서 중요한 지지대를 이탈하기 전까지 홀딩하는 전략이 유리할
것이다.

아래 차트의 1번 박스인 11월 19일에는 7일 이평선에 닿지 않고 상승세를
이어갔다. 이런 경우에는 장중 60분봉을 잘 봐야 한다. 19일에 7일 이평선에
근접한 가운데 반등해서 7시간 이평선을 회복하면 장중 하락은 중단된 것으
로 볼 수 있고, 7일 이평선 이탈을 스탑으로 설정하고 매수 관점의 접근이 가

KODEX 레버리지 일봉, 60분봉과 이평선

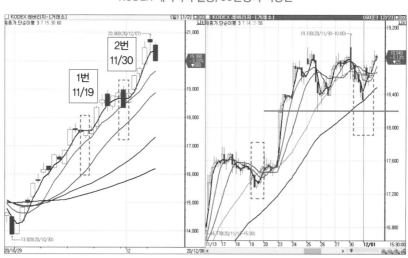

능할 것이다.

2번 박스인 11월 30일에는 장중 하락세가 형성되면서 7일 이평선을 이탈했다. 그러나 25일 저점대가 박스권 하단선으로 지지대로 볼 수 있기 때문에 7일 이평선에서 매수해서 25일 저점대를 이탈하기 전까지 매수 포지션을 유지했다면 좋은 결과를 거둘 수 있었을 것이다.

박스권 상단선과 하단선의 지지 저항을 활용한다

    이평선만큼 전고점과 전저점, 추세선 등은 중요한 매매 기준이 된다. 다음 페이지의 차트에서 1번 박스권은 사실 전고점에 도달하지 못하고 고점을 만들었다. 따라서 최고점에서는 매도하지 못했을 것이다. 아마도 전고점에서 매도를 기다리다가 단기 하락을 맞이하게 되었을 것이다. 이 경우는 7일 이평선 이탈을 기준으로 매도할 수도 있었겠지만, 21일에 7일 이평선 회복 시도가 실패했을 때 매도하는 것이 보다 좋은 시점이었을 것이다.

    2번 박스인 9월 24일에는 60일 이평선을 하향 이탈했지만 8월 20일 저점과 같은 수준에 도달해 매수 시점으로 활용할 수 있었을 것이다. 이런 경우에 바닥을 확인하고 싶으면 3일 이평선 회복 후에 매수할 수 있지만, 이럴 경우 다시 전저점을 이탈하면 손절 폭이 커지는 문제가 있다.

    10월 고점대는 9월 고점보다 낮은 수준에서 나왔다. 그러나 9월 고점이 8월 고점보다 낮은 수준에서 나와서 하락 추세선을 활용했다면 10월 고점대

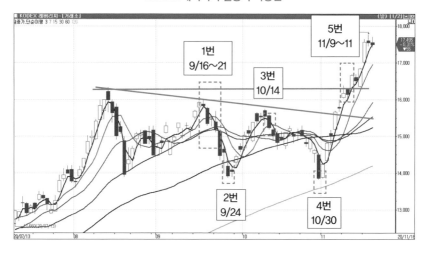

에서 매도가 가능했을 것이다. 다만 10월 고점대가 하락 추세선보다 조금 아래에서 나와 매도를 했다면 10월 14일에 3일 이평선 이탈 시에 하게 되었을 것이다. 4번 박스인 10월 30일에는 전저점에 도달해 매수가 가능했을 것이다. 10월 30일에 매수한 후 7일 이평선 이탈 전까지 포지션을 유지했다면 큰 수익을 거둘 수 있었을 것이다.

　5번 박스인 11월 9일에는 박스권 상단선의 저항에 도달해 매도할 수 있었을 것이다. 다음날은 소폭 하락했지만 11일에는 다시 박스권 상단선을 뚫고 상승 폭을 확대했다. 이런 경우는 하방에 존재하는 중요한 지지대를 스탑으로 설정하고 다시 매수할 수 있다. 위의 경우에는 7일 이평선 정도를 기준으로 매수 포지션을 유지할 수 있었을 것이다.

이격도 수준을
고려한다

    이격도가 극단적으로 벌어졌을 때 주가는 기존의 추세대로 진행되기 어렵다. 따라서 이격 과다는 역추세 매매의 기준이 되는데, 추세가 강할 때에는 이격도가 과다한 수준이라도 기존의 추세가 이어지는 경향을 보이기 때문에 이격 과대로 인한 역추세 매매는 단기 급락 또는 급등세가 진정되는 시점에 들어가는 것이 바람직할 것이다. 일반적으로 하락 시에는 7일 이평선 회복, 상승 시에는 7일 이평선 이탈을 기준으로 역추세 매매에 들어갈 수 있을 것이다.

    다음 페이지의 차트를 보면 지난 2020년 3월 코로나19로 인한 급락 시에는 KODEX 레버리지에서 60일 이평선 기준 이격도가 50%까지 하락하기도 했다. 3월 24일에 7일 이평선을 회복해서 이날 정도 매수 관점으로 접근이 가능했을 것이다. 6월에는 11일에 7일 이평선을 이탈해 매도할 수 있었을 것이고, 8월에는 8월 18일에 7일 이평선을 이탈해 매도가 가능했을 것이다.

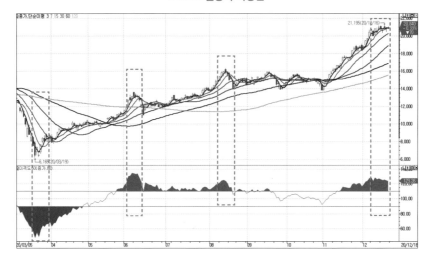

11월 30일에도 7일 이평선을 이탈해 매도할 수 있었겠지만, 이후에 상승세를 이어가면서 이격도가 더 확대되어 손절이 있었을 것이다. 앞서 설명했듯이 11월 30일에는 7일 이평선을 이탈했지만 단기 저점대를 이탈하지 않아 매도하지 않았을 수도 있다. 이런 현상은 12월 말에도 나타났는데, 확률적으로는 나타나기 어려운 모습이라고 할 수 있다. 어쨌든 신고가를 경신하면 매도 관점의 접근은 바람직하지 않다.

이평선들이
수렴되었을 때의 대응법

이평선과 추세선 등은 추세국면에서는 매매 기준이 비교적 명확하게 보이지만 주가가 횡보할 때에는 어디를 기준으로 해야 할지 헷갈리는 경우가 많다.

추세국면이 아닐 때에는 이전 고점 또는 저점대 등의 기준이 중요하다. 그것도 명확하지 않을 때에는 이평선들이 수렴되어 있을 때 최상단에 있는 이평선이나 최하단에 있는 이평선이 중요한 기준이 된다.

다음 페이지의 차트에서는 10월의 박스에서 최상단에 위치한 30일 이평선이 중요한 기준이 된다. 이 30일 이평선을 회복해야 상승 국면 진행 가능성을 타진할 수 있을 것이다.

차트에서의 두 번째 박스인 11월 초반의 흐름에서는 최상단 이평선은 60일 이평선이 되고, 최하단 이평선은 15일 이평선이 된다. 15일 이평선을 이탈하지 않는 한 하락은 아닌 것으로 볼 수 있다. 11월 말에는 최상단 이평

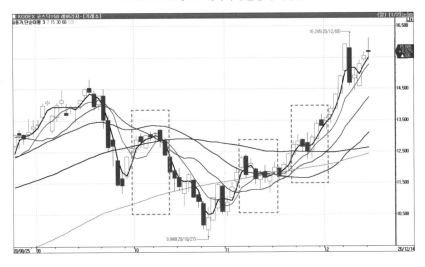

선인 60일 이평선을 돌파하게 된다. 이 경우에는 3일, 7일, 15일 이평선 등은 이미 정배열상태에 있기 때문에 7일 이평선 이탈 전까진 상승 지속으로 이 해할 수 있을 것이다. 특히 11월 25일 장중 저점은 11월 5일 장중 고점과 유 사한 수준에서 형성되어 박스권 상단선 돌파와 안착 확인 과정이 진행되 었다.

최상단과 최하단 이평선 내에 주가가 위치할 때에는 중간에 있는 이평선 들은 중요한 의미가 없으므로 크게 고려할 필요는 없을 것이다. 다만 최상단 과 최하단 이평선 사이의 간격이 클 때에는 그 사이에서 등락할 때 3일 이평 선 같은 초단기 이평선 정도를 단기 추세의 기준으로 볼 수 있을 것이다.

장기적 관점의 매매는
고점과 저점의 흐름을 기준으로 한다

기술적 분석을 중심으로 매매를 하게 되면 장기 보유가 어렵다고 보는 경향이 있지만 반드시 그런 것은 아니다. 매매 기준 자체를 장기 보유에 적합하게 잡으면 장기 보유도 가능하다.

다음 페이지의 차트는 KODEX 코스닥150 레버리지 일봉으로 9월 말까지 중기 저점이 꾸준히 높아지는 모습을 보였다. 따라서 4월 중에 매수 포지션에 진입했고, 중기 저점이 낮아지기 전까지 포지션을 유지했다면 9월 말까지 매수 포지션을 유지할 수 있었을 것이다. 그리고 11월 중에는 중기 저점이 높아져 매수 포지션에 진입이 가능했을 것이다.

즉 장기적인 관점에서 추세 매매를 하고자 하는 경우 중기 고점 또는 저점의 움직임을 기준으로 포지션을 변경하면 된다. 물론 이런 경우 고점 대비 이익을 비교적 크게 반납하고 매도하거나 손절을 하게 되면 손절 폭이 커질 수도 있다는 점을 염두에 둘 필요가 있다.

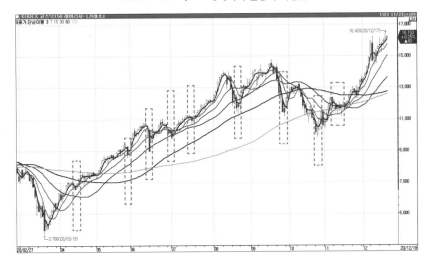

　11월중에 저점이 높아지는 것을 기준으로 포지션에 진입했을 때, 대략 13,000원 정도의 가격에 진입할 수 있었을 것이다. 2020년 말에는 강한 상승세가 이어져 16,000원 부근에서 매도할 수 있었을 것이다. 반면에 하락했다면 단기 저점이탈 후 11,000원 수준에서 손절이 가능했을 것이다. 정확하게 매매를 해도 약 20%의 손절 폭이 나오기 때문에 이런 매매는 기대 수익이 큰 만큼 위험도 크다는 점에 주의할 필요가 있을 것이다.

이번 장에서는 필자가 2020년 9월 중에 매매한 기록을 공개할 것이다. 앞에서 제시한 내용들을 어떻게 적용했는지 참고할 수 있는 사례가 될 것이다. 지금까지 제시한 것과 같이 올바른 매매를 한 적도 있고, 그렇지 않은 기록도 있다. 필자가 제시한 매매 사례를 정답이라고 생각하지 말고 어떤 부분이 잘되었고, 어떤 부분은 그렇지 않은지 비판적으로 보는 것이 더 도움이 될 것이다. 더불어 독자분들도 실전 매매를 하면서 이와 같이 기록을 남기고 복기를 하면 매매 실력이 향상되는 데 도움이 될 것이다.

- 3장 -

실전 매매 사례
(2020년 9월 매매일지)

2020년 9월
지수형 ETF 매매의 개요

    필자는 KODEX 레버리지와 KODEX 인버스2X, KODEX 코스닥150 레버리지를 중심으로 매매를 한다. 매수할 때 전체 자금의 50% 정도를 투입하고, 손실이 발생하면 추가로 매수를 하는 물타기를 하기보다는 기준에 따라 손절을 한다.

    2020년 9월 중에 전체 자금 대비 누적 수익률은 수수료를 제외하고 7.40% 였다. 구체적인 거래내역은 다음 페이지의 표와 같다. 이 표에는 매매의 결과만 나와 있기 때문에 이후에 일별로 당시의 상황과 매매의 이유에 대해서 설명할 것이다. 용어는 편의상 KODEX 레버리지는 레버리지로, KODEX 인버스2X는 곱버스로, KODEX 코스닥150 레버리지는 코스닥 레버리지라고 부르겠다.

2020년 9월의 지수형 ETF 거래내역

거래일	포지션	레버리지	인버스	코스닥 150	거래 비중	매매 수익률	전체 자금 대비 수익률	누적 수익률	매매근거
1일	Buy		4,250		60%				3일 이평선 지지
	Sell		4,250		60%	0.00		0	장중 고점 낮아짐
2일	Buy	14,800			60%				56시간 이평선 지지
	Sell	15,285			60%	3.28	1.97	1.97	7시간 이평선 이탈
3일	Buy		4,100						전저점 도달
	Sell		4,075		40%	-0.61	-0.24	1.72	전저점 이탈
4일	Buy			13,365	50%				56시간 이평선 회복
8일	Sell			14,080	50%	5.35	2.67	4.40	7시간 이평선 이탈
9일	Buy	15,000			50%				56시간 이평선 지지
10일	Buy	15,360			60%				3, 7시간 이평선 상승
	Sell	15,300			50%	2.00	1.00	5.40	전고점 돌파 실패
11일	Buy	15,140			60%				7시간 이평선 회복
	Sell	15,000			60%	-2.34	-1.41	3.99	전저점 이탈
16일	Sell	15,860			60%	4.76	2.85	6.84	7시간 이평선 이탈
17일	Buy	15,530			60%				7일 이평선 도달
	Sell	15,360			60%	-1.09	-0.66	6.19	7일 이평선 이탈
21일	Buy		3,965		40%				28시간 이평선 지지
23일	Sell		4,280		40%	7.94	3.18	9.37	14시간 이평선 이탈
24일	Buy	14,210			60%				하방 경직성 기대
	Buy	14,100			40%				전저점 도달
	Sell	14,105			40%	0.04	0.01	9.38	손실 회복
	Sell	14,000			60%	-1.48	-0.89	8.49	7시간 이평선 돌파 실패
25일	Buy	13,900			60%				전일 저점대 지지
	Sell	14,070			60%	1.22	0.73	9.23	14시간 이평선 회복 실패
28일	Buy		4,315		40%				28시간 이평선 회복
	Buy		4,330		10%				28시간 이평선 지지 기대
	Sell		4,255		50%	-1.66	-0.83	8.39	손실 확대
	Buy		4,260		50%				7일 이평선 지지
29일	Buy		4,190		40%				30일 이평선 지지
	Sell		4,160		40%	-0.72	-0.29	8.11	56시간 이평선 회복 실패
	Sell		4,200		50%	-1.41	-0.70	7.40	7시간 이평선 회복 실패

일자별
매매일지

📈 2020년 9월 1일 매매일지

9월 1일의 매매는 아쉬움이 많이 남는다. 당일 KOSPI200선물(이하 선물) 가격 기준으로 30일 이평선에서 개장했다. 따라서 개장 초에 레버리지를 매수했다면 가장 좋은 매매가 되었을 것이다. 하지만 인버스를 기준으로 보면 8월 중반 저점에서 비해서 후반 저점이 높아지고 있었기 때문에 선물 기준으로 30일 이평선이 이탈할 수 있다는 생각이 들어서 레버리지 매수를 하지 못했다.

다음 페이지의 선물 차트를 보면 알 수 있겠지만 당시에 30일과 60일 이평선은 나란히 상승중이었고, 이후에도 30일 이평선은 중요한 지지대로 작용했다. 전일 장중 저점 정도를 손절 기준으로 설정하고 레버리지 매수를 하면 좋은 매매가 되었을 것이다.

포지션	거래비중	가격	수익률	매매 이유
인버스 매수	60%	4,250	-	3일 이평선 지지
인버스 매도	60%	4,250	0%	장중 고점 낮아짐

KOSPI200 선물 일봉, KODEX200 선물 인버스2X, 일봉과 60분봉

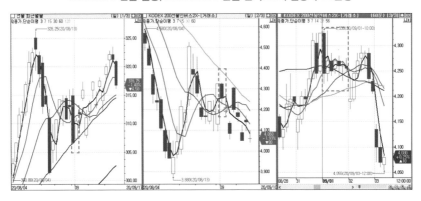

　선물 가격이 개장 초에 30일 이평선 지지로 상승한 후 9시 30분경에 인버스 기준으로 3일 이평선의 지지에 닿아서 4,250원에 운용 금액의 60%를 매수했다. 10시 이후에 다시 선물 가격이 하락하면서 인버스 가격이 4,330원까지 상승했지만 결국 선물의 30일 이평선이 지지되면서 인버스 가격은 장중 고점이 낮아지면서 횡보하게 된다.

　두 번째 아쉬운 점은 10시 이후에 선물 가격 기준으로 30일 이평선까지 상승해서 인버스 기준으로 약 1.5%의 수익을 거두고 매도할 기회가 있었는데 이때 이익실현을 하지 못한 것이다. 당시 필자는 선물 가격이 30일 이평선을 이탈하고 하락할 것이라는 생각을 가지고 있었기 때문에 기회를 살리지 못했다. 지표를 무시한 결과였다.

이후에 장중 고점이 낮아지면서 7시간 이평선이 저항으로 작용하는 모습을 보여 14시 30분에 매수한 가격인 4,250원에 매도했다. 이날은 오전에 레버리지를 사는 게 정답인 날이었지만 필자는 인버스를 샀다.

그나마 다행인 점은 레버리지가 아닌 인버스를 샀지만 3일 이평선 지지에서 샀기 때문에 수익을 낼 기회도 있었고, 손해를 보지 않고 청산할 수 있었다는 것이다.

📈 2020년 9월 2일 매매일지

전날 30일 이평선의 지지력이 확인된 상황이라 레버리지 매수 시점을 타진했다. 개장 초에 56시간 이평선의 지지대에 도달해서 9시 20분 경에 14,800원에 60%를 매수했다. 매수 반등하면서 10시에는 14,900원에 도달했지만, 10시 이후에 하락해 11시 경에는 매수 가격을 하회해서 3시간 이평선까지 이탈했다.

이 경우에는 3시간 이평선 이탈 시 매도하고 회복할 때 다시 매수할 수 있었지만, 전일 장중 저점이 14,460원이므로 이 가격대를 이탈하면 손절할 생각을 하고 포지션을 홀딩했다. 이날은 14,550원까지 하락한 후에 반등에 성공해서 14,825원에 마감되었다.

전일 저점대를 스탑으로 보지 않고 만약 3시간 이평선을 중심으로 매매했다면 14,700원에 팔고, 다시 14,700원을 회복할 때 매수하는 매매를 했을 것이다.

이날 조금 아쉬운 점은 이날 장중 저점 부근에서는 전일 저점을 스탑으로

포지션	거래비중	가격	수익률	매매 이유
레버리지 매수	60%	14,800	-	56시간 이평선 지지

KOSPI200 선물 일봉, KODEX200 선물 레버리지, 일봉과 60분봉

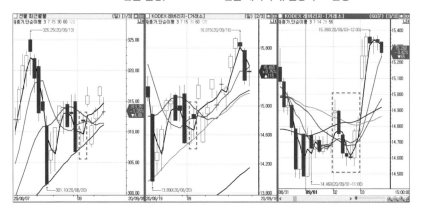

포지션을 추가했으면 위험을 크게 늘이지 않으면서 수익을 좀 더 키울 수 있었을 것이라는 점이다. 매매에서 과감하지 못했던 점이 아쉬움으로 남는다.

📈 2020년 9월 3일 매매일지

이날은 레버리지를 매수하고 오버한 가운데 강세로 개장되어 개장 초부터 수익이 발생했다. 원래 장중 추세가 진행될 경우에는 7시간 이평선 이탈 전에는 상승세가 지속될 가능성이 높다.

오후 3시까지는 포지션에 손을 댈 필요가 없었지만, 선물 가격 기준으로

포지션	거래비중	가격	수익률	매매 이유
레버리지 매도	60%	15,285	3.28%	7시간 이평선 이탈

KOSPI200 선물 일봉, KODEX200 선물 레버리지, 일봉과 60분봉

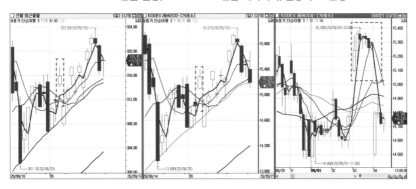

개장 초에 강하게 상승해서 8월 31일 고점대에 도달했기 때문에 투기적으로 인버스를 샀다가 손절했다.

전일 매수한 레버리지 60%를 보유한 상황에서 9시 22분에 인버스를 4,100원에 40% 매수하고, 10분 뒤에 4,075원에 다시 40%를 매도해 약간의 손실이 발생했다. 이전 고점대가 저항인 것은 맞지만 7시간 이평선 이탈 전까지 기다려도 되는데 이미 수익이 발생한 상황이라 너무 가볍게 매매에 임했던 것 같다.

오전 중에 선물 가격은 상승세를 이어갔고, 오후 3시에 7시간 이평선을 이탈해서 레버리지를 15,285원에 모두 매도했다. 오전에 인버스를 사지 않고 이 시점에 인버스를 샀다면 다음날 개장 초에 5% 이상 되는 수익을 거둘 수 있었다. 역시 기준을 지키지 않은 결과는 좋지 않았다.

포지션	거래비중	가격	수익률	매매 이유
인버스 매수	40%	4,100	-	전저점 도달
인버스 매도	40%	4,075	-0.61%	전저점 이탈

KOSPI200 선물 일봉, KODEX200 선물 인버스2X 일봉과 60분봉

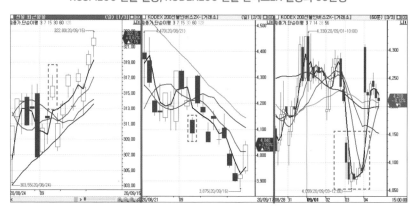

📈 2020년 9월 4일 매매일지

이날은 미국시장 하락의 영향으로 한국시장이 약세로 개장했다. 그러나 KOSDAQ150지수의 이평선들 구조를 보면 일봉상 모든 이평선들이 정배열된 가운데 상승세를 유지하고 있었다. 따라서 그대로 하락세가 이어질 가능성은 높지 않은 상황이었다.

개장 초에 저가를 형성하고 반등하는 가운데 상승하는 56시간 이평선을 회복해 13,365원에 50%를 매수하고 개장초 저점대를 손절 기준으로 설정했다. 약간의 등락이 있었지만 매수 가격을 크게 하회하지 않은 가운데 12시

포지션	거래비중	가격	수익률	매매 이유
코스닥 레버리지 매수	50%	13,365	-	56시간 이평선 회복

KOSDAQ150 지수 일봉, KODEX 코스닥150 레버리지, 일봉과 60분봉

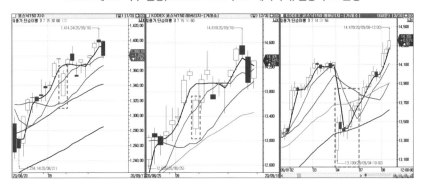

이후에 3시간 이평선을 회복했고, 오후에는 7시간 이평선도 회복했다. 일봉상 이평선들이 상승 구조를 형성중이었고, 개장 초에 이탈했던 7일 이평선을 회복했고, 이미 장중에 수익이 난 상황이라 그대로 오버하기로 결정하고 매매를 마감했다.

📈 2020년 9월 8일 매매일지

9월 7일에는 하루 종일 7시간 이평선을 이탈하지 않아 매수 포지션을 그대로 유지했다. 8일에는 14시 이후에 7시간 이평선을 이탈해 14,090원에 25%를 매도하고, 14,075원에 25%를 매도했다.

포지션	거래비중	가격	수익률	매매 이유
코스닥 레버리지 매도	25%	14,090	5.46%	7시간 이평선 이탈
코스닥 레버리지 매도	25%	14,075	5.35%	7시간 이평선 이탈

KOSDAQ150지수 일봉, KODEX 코스닥150 레버리지, 일봉과 60분봉

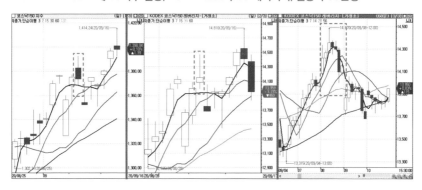

ETF 가격이 7시간 이평선을 이탈하지 않고 상승하면 추세 반대방향으로 매매하는 것은 성공할 확률이 낮다. 또한 매수 포지션을 가지고 있는 상황에서 3시간, 7시간 이평선이 나란히 상승하고 있다면 7시간 이평선 이탈 전까지는 굳이 포지션을 정리할 필요가 없다. 일반적으로 단기 매매는 포지션을 길게 유지할 수 없다고 생각하지만 단기 이평선 위에서 포지션을 유지하게 되면 추세가 진행되는 한 포지션을 계속 유지할 수 있다. 특히 처음부터 목표가를 설정할 필요 없이 시장이 주는 신호를 따라가기만 하면 된다는 점에서 매우 유용한 매매 기준이다. 다만 이날은 장중 고점이 14,470원이었고, 매도가가 14,090원이었기에 이렇게 급등세가 이어진 후에는 3시간 이평선 이탈을 기준으로 먼저 일부 포지션을 정리할 수도 있을 것이다.

📈 2020년 9월 9일 매매일지

　이날은 약세로 개장 후 개장 초에 소폭의 등락이 진행되는 과정에서 56시간 이평선에서 지지를 기대하고 15,000원에 60%를 매수했다. 일봉상으로도 7일과 30일 이평선이 강한 상승세를 형성중이라 어느 정도의 하방 경직성을 기대할 수 있었다.

　오전장에 반등국면이 진행되면서 12시 이후에 3시간 이평선을 회복했지만 7시간 이평선의 저항을 돌파하지 못해 상승이 제한되었고, 14시 이후에는 다시 약세로 진행되면서 매수가격 부근에서 마감되었다. 수익을 크게 확보하지 못했지만 스탑 기준으로 볼 수 있었던 가격대를 이탈하지 않아서 그대로 오버하기로 결정하고 매매를 마감했다.

포지션	거래비중	가격	수익률	매매 이유
레버리지 매수	50%	15,000	-	56시간 이평선 지지

KOSPI200 선물 일봉, KODEX200 선물 레버리지, 일봉과 60분봉

📈 2020년 9월 10일 매매일지

포지션	거래비중	가격	수익률	매매 이유
레버리지 매도	50%	15,300	2.0%	전고점 돌파 실패
레버리지 매수	60%	15,360	–	3, 7시간 이평선 상승

KOSPI200 선물 일봉, KODEX200 선물 레버리지, 일봉과 60분봉

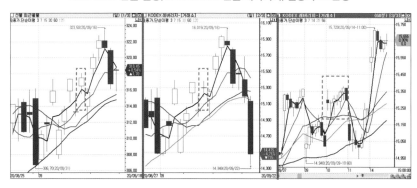

　　전일 다소 불안한 상황에서 매수로 오버했는데 상승 개장해 안도할 수 있었다. 이미 심리적으로 조금 위축된 상황이라 이전 고점대를 돌파하지 못해 9시 30분 경에 15,300원 수준에 포지션을 모두 정리했다.

　　그런데 오후에도 상승세를 이어가면서 3시간 이평선이 지지되며 상승세를 이어갔다. 아직 전고점 돌파가 확인되지 않았지만 이대로 상승세가 이어질 듯한 기대감이 있어서 14시 이후에 15,360원에 다시 60%를 매수했다. 15시 이후에 하락해서 종가 무렵에는 7시간 이평선을 이탈하고 마감했다.

　　그런데 이날 매매는 문제가 좀 있었다. 개장 초에 전고점을 넘지 못했지만

7시간 이평선 이탈 전까지는 어느 정도 확인할 필요가 있었는데, 개장 초에 쉽게 포지션을 모두 정리한 것이 문제였다. 오전 중에는 조정 과정에서 3일 이평선 또는 14시간 이평선 수준의 지지대에 도달했는데, 거기서 매수하지 않은 점도 문제였다.

가장 큰 문제는 오후에 매수한 것이었다. 전고점을 조금 넘었지만 어느 정도 확인 과정이 필요한데, 오전에 매매 실수를 해서 조급하게 매수로 따라간 점이 문제였다. 또한 15시 이후에 하락해서 7시간 이평선을 이탈했으면 매도해야 하는데 그러지 못했다. 이런 행동은 자신의 실수를 인정하고 싶어하지 않는 데서 나오는 현상이다. 내일 시장이 상승하면 오후에 추격 매수한 것과 15시 이후에 매도하지 않은 것의 문제가 모두 덮어질 것이라고 생각했다. 시장에 일종의 자비를 바랐던 것이다. 그러나 이럴 때 시장은 그냥 넘어가지 않는다. 대부분은 트레이더의 실수를 들춰내기 마련이다.

📈 2020년 9월 11일 매매일지

전일 매매의 실수는 이날에도 이어졌다. 전일 레버리지를 매수한 가운데 약세로 개장되었고, 개장 초에 반등 시도가 있었지만 매도하지 못하고 오전 중에 포지션을 유지했다. 9일 저점대를 기준으로 손절하자는 생각으로 기다렸는데, 그 가격을 15,000원으로 설정했다.

정확히 9일 저점은 14,940원이었다. 이미 손실이 발생한 가운데 심리적으로 위축된 상황이라 점심시간 이후에 15,000원에 도달해서 바로 매도했다. 오후에 레버리지 가격은 14,945원까지 하락한 후 빠르게 반등을 이어갔다.

포지션	거래비중	가격	수익률	매매 이유
레버리지 매도	60%	15,000	-2.34%	전저점 이탈
레버리지 매수	60%	15,140	-	7시간 이평선 회복

KOSPI200 선물 일봉, KODEX200 선물 레버리지, 일봉과 60분봉

정확하게 14,940원으로 스탑을 설정해야 했는데, 스탑을 잘못 설정해서 하지 않아도 되는 매도를 한 셈이다.

이후에 반등이 이어지면서 2시 이후에는 하락하는 7시간 이평선을 회복했다. 이미 이중 저점을 확인한 상황이라 7시간 이평선을 회복하면 반등할 수 있겠다는 생각으로 15,140원에 다시 60%를 매수했다. 사실 이날 매수할 때에는 매수하고 싶지 않은 마음이 컸다. 그간 진행된 불규칙한 움직임을 생각하면 다시 하락할 수 있다는 두려움이 적지 않았다. 그래도 일단 과감하게 매수했고, 이후에 빠르게 반등 폭을 확대했다.

지나고 보니 이날 장중 저점은 15일, 30일 이평선이 지나는 자리였다. 아주 쉽게 매수자리라고 생각할 수 있지만 그 당시에는 그게 보이지 않았다.

심리적으로 위축되면 이런 현상이 자주 나타난다. 그만큼 매매에 있어서 심리적 안정을 유지하는 것이 중요하다.

📈 2020년 9월 16일 매매일지

포지션	거래비중	가격	수익률	매매 이유
레버리지 매도	60%	15,860	+4.76%	7시간 이평선 이탈

KOSPI200 선물 일봉, KODEX200 선물 레버리지, 일봉과 60분봉

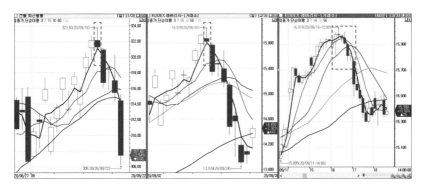

9월 11일에 레버리지를 매수한 후 14일, 15일 이틀 동안은 장중에 7시간 이평선을 이탈하지 않아서 매도할 기회가 없었다. 16일 오후가 되면서 60분봉 종가 기준으로 7시간 이평선을 이탈했기에 15,860원에 매수 포지션을 모두 매도했다.

단기 매매를 하면 추세에서 수익을 내기 어렵다고 생각할 수 있지만 강한

상승세가 나타날 때 7시간 이평선을 이탈하지 않고 추세를 형성하기 때문에 거의 고점대 부근에서 매도할 수 있다. 상승 가능 폭을 맞추는 것이 아니라 그냥 7시간 이평선 이탈까지 보유하는 것이다. 그러면 실제로 고점을 정확히 맞춘 것과 비슷한 성과를 거둘 수 있다.

이날 매매에서 아쉬운 점은 인버스에 진입하지 못한 것이다. 장중 고가 기준으로는 이전 고점대엔 8월 13일 고점까지 폭이 좀 남아 있긴 했지만 중요한 분기점이라 어느 정도 손절 폭을 설정하고 인버스를 샀다면 큰 수익을 거둘 수 있었을 것이다. 그러나 전고점에 도달하기를 기다리느라 인버스를 사지 못했다. 신중하게 인버스 매수 기회를 기다린다고 생각했지만 사실상 과감하지 못한 매매였다.

↗ 2020년 9월 17일 매매일지

9월 17일에는 개장 초부터 하락세가 이어지면서 7일 이평선을 이탈했다. 일봉상 이평선들이 정배열된 가운데 안정적으로 상승중이라 7일 이평선에서는 지지 시도를 기대할 수 있었다.

7일 이평선이 15,500원 수준에 위치해 15,530원에 60% 매수했다. 결국 15,500원을 이탈하고 낙폭을 확대했다. 15,400원 수준에 9월 초에 횡보하던 박스권 상단선의 지지가 있어서 이 가격대를 스탑으로 잡은 후 이탈해 15,360원에 전부 매도했다.

이날 오후에 3시간 이평선을 회복했고, 다음날에는 7시간 이평선까지 돌파하면서 단기적으로 반등 시도가 이어져 17일에는 손절하지 않는 것이 결

포지션	거래비중	가격	수익률	매매 이유
레버리지 매수	60%	15,530	-	7일 이평선 근접
레버리지 매도	60%	15,360	-1.09%	7일 이평선 이탈

KOSPI200 선물 일봉, KODEX200 선물 레버리지, 일봉과 60분봉

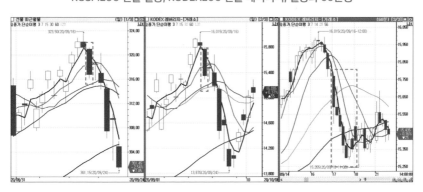

과적으로는 바람직한 매매라고 볼 수도 있겠지만, 이날 손절한 매매에 큰 아쉬움은 없었다.

📈 2020년 9월 21일 매매일지

이날 매매는 9월 중에 한 매매 중에 가장 잘한 것으로 볼 수 있다. 고점에서 매도하지 못해 아쉬운 생각을 가지고 있던 차에 이날 개장 초에 선물가격이 강세를 보이면서 7일 이평선 회복 시도가 나타났다.

상승 과정에서 단기 조정이 나타나 3일 이평선이 7일 이평선을 이탈한 후

포지션	거래비중	가격	수익률	매매 이유
인버스 매수	40%	3,965	-	28시간 이평선 지지

KOSPI200 선물 일봉, KODEX200 선물 인버스2X, 일봉과 60분봉

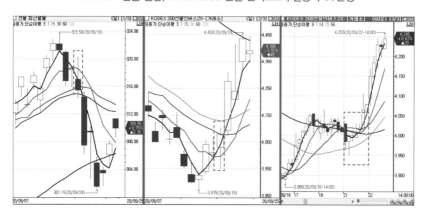

에 주가가 7일 이평선을 회복하지 못하면 중요한 고점 신호라고 볼 수 있다. 선물 가격으로 보면 고점대 신호가 만들어지고 있었고, 인버스 가격으로는 바닥권 신호가 만들어지고 있었다.

9시대에 인버스 기준으로 28시간 이평선이 지지대로 작용하는 모습을 보여 3,965원에 60% 매수했고, 3,950원을 스탑으로 설정했다. 10시 이후에 3,950원에 도달했지만 이탈하지 않고 이날 장중에 강한 상승세를 나타냈다. 선물 가격으로는 7일 이평선의 저항을 돌파하지 못하고 하락해 15일 이평선의 지지를 이탈하고 마감되었다. 인버스 60분봉으로는 마감 무렵에 상승 추세가 형성되어 다시 7시간 이평선 이탈을 기준으로 인버스 매수 포지션을 유지하면 되는 상황이 만들어졌다.

📈 2020년 9월 23일 매매일지

포지션	거래비중	가격	수익률	매매 이유
인버스 매도	40%	4,280	7.94%	14시간 이평선 이탈

KOSPI200 선물 일봉, KODEX200 선물 인버스2X, 일봉과 60분봉

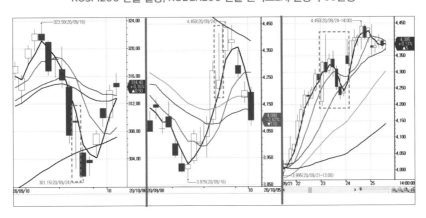

지금까지의 내용을 통해 이제는 필자가 어떻게 행동했을지 독자분들도 추정할 수 있을 것이다. 60분봉으로 추세를 형성하면 7시간 이평선이 60분봉 종가 기준으로 이탈될 때까지 기다리면 되는 것이다. 22일에는 인버스 가격이 하루 종일 3시간 이평선을 이탈하지 않고 상승했기에 매수 포지션에 손을 댈 이유가 없었다.

23일에는 인버스 가격이 개장 초에 7시간 이평선을 이탈했지만 10시 이전에 다시 회복했고, 14시에 7시간 이평선을 이탈하고 마감되었다. 결국 13시 40분에 4,280원에 인버스 매수 포지션을 모두 정리했다. 이날 매매에

서 아쉬운 점은 장중에 선물 가격이 56일 이평선의 지지에 도달한 후 반등했는데, 그 가격대에서 인버스를 매도하지 못했다는 것이다. 물론 기준은 7시간 이평선 이탈이지만 기초자산이 중요한 지지대에 도달하면 좀 더 선제적으로 움직일 수도 있었을 것이다. 어쨌든 인버스 매수는 성공적으로 수익을 실현하고 마감할 수 있었다.

📈 2020년 9월 24일 매매일지

이날의 매매는 아쉬움이 크게 남는 매매였다. 전날인 9월 23일의 성공적인 인버스 매매로 거둔 수익으로 인한 자신감이 좋지 않은 매매로 이어진 사례라 할 수 있다.

개장 초에 갭으로 하락한 가운데 어느 정도 낙폭이 제한되는 모습을 보여 14,210원에 레버리지 60%를 매수했다. 전날 8월 20일 저점대 부근에서 장중에 강하게 반등한 가운데 갭 하락한 상황이라 시가 부근이 지지되면 바로 강하게 반등할 수 있다는 기대를 했다.

물론 이런 기대는 어느 정도 타당한 전망일 수 있지만 매매라는 관점에서는 문제가 있는 접근 방식이다. 일단 지지대를 확인하지 못했다. 전일 장중 저점은 13,995원이었는데 매수가는 14,210원이었다. 매수 당시에는 하방이 견조해 보였지만 언제든지 전일 저점대까지 하락하거나 전일 저점대를 이탈할 가능성이 있었다.

또한 하락하는 3시간 이평선도 회복하지 못한 상황이었다. 처음 매수했던 9시 5분에는 3시간 이평선이 14,500원 수준에 있었지만 시간이 지나면 3시

포지션	거래비중	가격	수익률	매매 이유
레버리지 매수	60%	14,210	-	상승 기대감
레버리지 매수	40%	14,100	-	이전 저점 지지
레버리지 매도	40%	14,105	0%	낙폭 회복
레버리지 매도	60%	14,000	-1.48%	7시간 이평선 회복 실패

KOSPI200 선물 일봉, KODEX200 선물 레버리지, 일봉과 60분봉

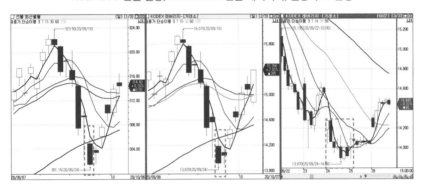

간 이평선이 내려오기 때문에 기다리면 되는 일이었다. 즉 중요한 지지대를 확인한 것도 아니고, 하락하는 3시간 이평선을 회복한 것도 아니고, 좋지 않은 자리에서 매수가 이뤄졌던 것이다. 이날 60분봉 종가로 3시간 이평선 회복을 확인하고 매수했다면 이후에 이날 장중 저가를 이탈하지 않았고 레버리지로 큰 수익을 낼 수도 있었는데, 아침에 매매 실수로 그 기회를 모두 놓치게 된 셈이다.

어쨌든 10시까지는 반등 시도가 나오다가 10시 이후에 다시 하락해서 10시 이전의 장중 저점대에 도달해 14,100원에 다시 나머지 40%를 매수했다.

이 또한 문제가 있는 매매였다. 전일 장중 저점은 13,995원이었는데 이미 포지션이 있는 상태에서 추가 매수를 할 때 충분히 지지를 확인하지 않고 매수했기 때문이다. 이런 매매는 상승에 대한 기대감이 남아 있었기 때문에 이뤄졌다고 할 수 있다. 결과적으로 이날 상승으로 본 관점은 옳았지만 매매 시점을 잘못 잡아 상승을 수익으로 연결시키지 못했다.

레버리지를 추가 매수를 한 이후에 오히려 레버리지 가격이 하락하면서 필자는 크게 당황했고, 오후에 레버리지 가격이 반등하면서 일단 추가 매수했던 40%의 포지션을 본전 부근인 14,105원에 매도했다. 결국 이날 종가까지 7시간 이평선을 회복하지 못해 나머지 포지션도 14,000원에 매도한 후에 거래를 마감했다.

사후적인 판단이기는 하지만 레버리지를 최저가에 매수할 수 있는 기회가 되는 날이었으나 매매 기준을 지키지 않아 좋지 않은 시점에 매수하고, 손절로 마감하게 된 하루였다. 특히 더 아쉬운 점은 이날 이후 레버리지 가격이 단기 상승세를 형성했지만 레버리지 매수 포지션을 유지할 수 없었던 것이었다.

↗ 2020년 9월 25일 매매일지

9월 25일의 매매는 나쁘지 않았다. 전일(9월 24일) 매매 시점을 지키지 않았던 것에 대한 반성으로 개장 초에 지지대에 도달하는 것을 기다렸고, 전일 장중 저점에 근접했던 9시 30분 경에 13,900원에 60%의 포지션을 매수할 수 있었다.

포지션	거래비중	가격	수익률	매매 이유
레버리지 매수	60%	13,900	-	전일 장중 저점 지지
레버리지 매도	60%	14,070	1.22%	14시간 이평선 저항

KOSPI200 선물 일봉, KODEX200 선물 레버리지, 일봉과 60분봉

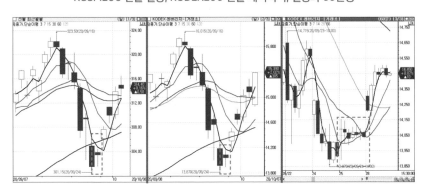

10시 이전까지 낙폭을 줄였고, 장중 내내 7시간 이평선이 지지대로 작용하면서 추가 반등 가능성을 타진할 수 있었지만 종가까지 14시간 이평선을 돌파하지 못했다.

매수 가격이 유리했기 때문에 포지션을 오버할 수 있었지만 전일 장중 하락에 대한 트라우마가 있었고, 14시간 이평선의 저항에 도달한 상황이라 일단 매수 포지션을 정리하고 오버했다. 원칙을 지켰기 때문에 잘못한 건 아니지만 다소 소심한 매매였다고 생각된다.

📈 2020년 9월 28일 매매일지

포지션	거래비중	가격	수익률	매매 이유
인버스 매수	40%	4,315	-	28시간 이평선 회복
인버스 매수	10%	4,330	-	상승 기대감
인버스 매도	50%	4,255	-1.46%	손실 확대
인버스 매수	50%	4,260	-	7일 이평선 지지

KOSPI200 선물 일봉, KODEX200 선물 인버스2X, 일봉과 60분봉

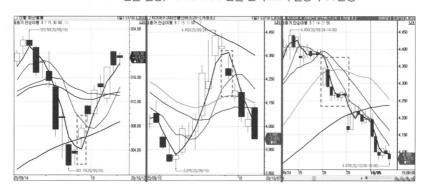

　이날은 오만함의 결과가 얼마나 참혹한지를 너무나도 잘 보여주는 하루였다. 전주말에 미국시장이 반등하면서 한국시장도 상승 개장했다. 전일 종가에 레버리지 매수 포지션을 청산한 후에 강세로 개장하니 아쉬운 마음과 함께 결국 다시 하락할 것이라는 나름의 기대감을 갖게 되었다.

　사실 이런 감정을 기대감이라고 해야 할지, 바람이라고 해야 할지, 아니면 아집이라고 해야 할지 표현하기 어렵다. 막연히 '어제 레버리지를 팔았는데

상승했으니 이제 인버스 기회이겠다'는 생각이 들었고, 자연스럽게 인버스 매수 기회를 찾게 되었다.

28시간 이평선이 위치한 4,315원 수준에서 40% 매수한 점은 크게 나쁘지 않았지만, 10시 이후에 동 이평선을 이탈할 때에는 원칙에 따라 매도했어야 했다. 그러나 오히려 추가로 10% 정도를 매수했다. 그야말로 정신 없는 매매를 한 셈이다.

하락세가 이어지면서 11시에는 7일 이평선에 근접했는데, 오히려 손실 확대에 대한 우려감으로 4,255원에 전부 매도했다가, 다시 4,260원에 50%를 매수했다.

이날은 설령 인버스로 접근했더라도 28시간 이평선 회복 시에 매수하고, 이탈 시에 매도하고, 7일 이평선 수준에서 매수하고, 종가 무렵에 7시간 이평선 회복에 실패했을 때 매도했더라면 거의 매매 손실을 입지 않았을 수도 있다.

문제는 방향성에 대한 생각이다. 당시 시장은 약세 국면이라고 생각했기 때문에 인버스를 손절해야 할 시점에 매도하지 않고 주가 하락을 기대하면서 버티게 된 것이다.

다시 한번 강조하지만 트레이더는 생각을 버리는 훈련을 해야 한다. 어느 방향으로 기대감을 갖고 있고, 거기에 자존심까지 건다면 시장의 방향을 맞추더라도 손실을 볼 수 있고, 방향이 틀리면 돈과 정신과 건강을 모두 다 잃게 될 것이다.

📈 2020년 9월 29일 매매일지

포지션	거래비중	가격	수익률	매매 이유
인버스 매수	40%	4,190	-	30일 이평선 지지
인버스 매도	40%	4,160	-0.72%	56시간 이평선 저항
인버스 매도	50%	4,200	-1.41%	7시간 이평선 저항

KOSPI200 선물 일봉, KODEX200 선물 인버스2X, 일봉과 60분봉

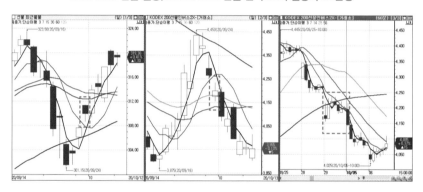

이날은 9월의 마지막 거래일이었다. 전일 인버스를 50% 매수한 가운데 오버했고, 미국시장 상승의 영향으로 인버스는 약세로 개장되었다. 개장 초에 30일 이평선에서 지지 시도가 있어서 40%를 4,190원에 추가로 매수했다. 하지만 56시간 이평선 회복에 실패하면서 4,160원에 40% 매수분을 매도하고, 장중에 7시간 이평선 회복에 실패해서 4,200원에 인버스 매수 포지션을 모두 정리했다.

2020년 9월 매매에 대한 총평

2020년 9월 초부터 24일까지의 매매는 큰 문제가 없었다. 시장의 방향성에 대해서 크게 생각하지 않은 가운데 매매 시점과 손절 시점을 그런대로 잘 지켰기 때문이다.

문제는 성공 뒤에 나타난다. 9월 중반의 하락 과정에서 인버스로 수익을 본 후에 시장의 방향성에 대한 자신감이 생겼고, 미국시장이 추가로 조정 폭을 확대할 수 있다는 기대감을 가지고 9월 말에 인버스 매매를 하면서 결국 수익의 상당 부분을 반납하게 되었다.

필자가 독자들에게 당시의 매매를 공개한 이유는 앞서 이론으로 설명한 기술적 분석이 어떻게 시장에 적용되는지 알려주기 위한 것도 있지만 멘탈 관리를 하지 못하면 필자도 차트를 무시하고 매매하게 된다는 것을 보여주기 위함이다. 기준만 정확히 지키면 시장의 방향을 맞추지 못하더라도 소폭의 손실에 그치게 만들 수 있고, 경우에 따라서는 최저점에서 매수하고 최고점에서 매도하는 신과 같은 매매를 할 수도 있다. 이런 매매는 최저점과 최고점을 맞춰서 하는 것이 아니라 그냥 기준을 따르다 보면 최저점에서 사고 최고점에서 팔게 되는 것이다.

필자의 매매를 참고로 삼아 성공하는 방법과 실패하는 방법을 모두 볼 수 있기를 바란다. 또한 독자 여러분들도 본인의 매매일지를 필자와 같이 자세히 기록해 매매를 복기하기를 권한다. 복기를 통해 스스로의 장단점을 파악하고 고치고자 노력하면 점차 좋은 매매를 하게 될 것이다.